雄山閣アーカイブス　歴史篇

みんなは知らない
国家売春命令

小林大治郎
村瀬明

雄山閣

特飲街さまざま——

基地の女たち—

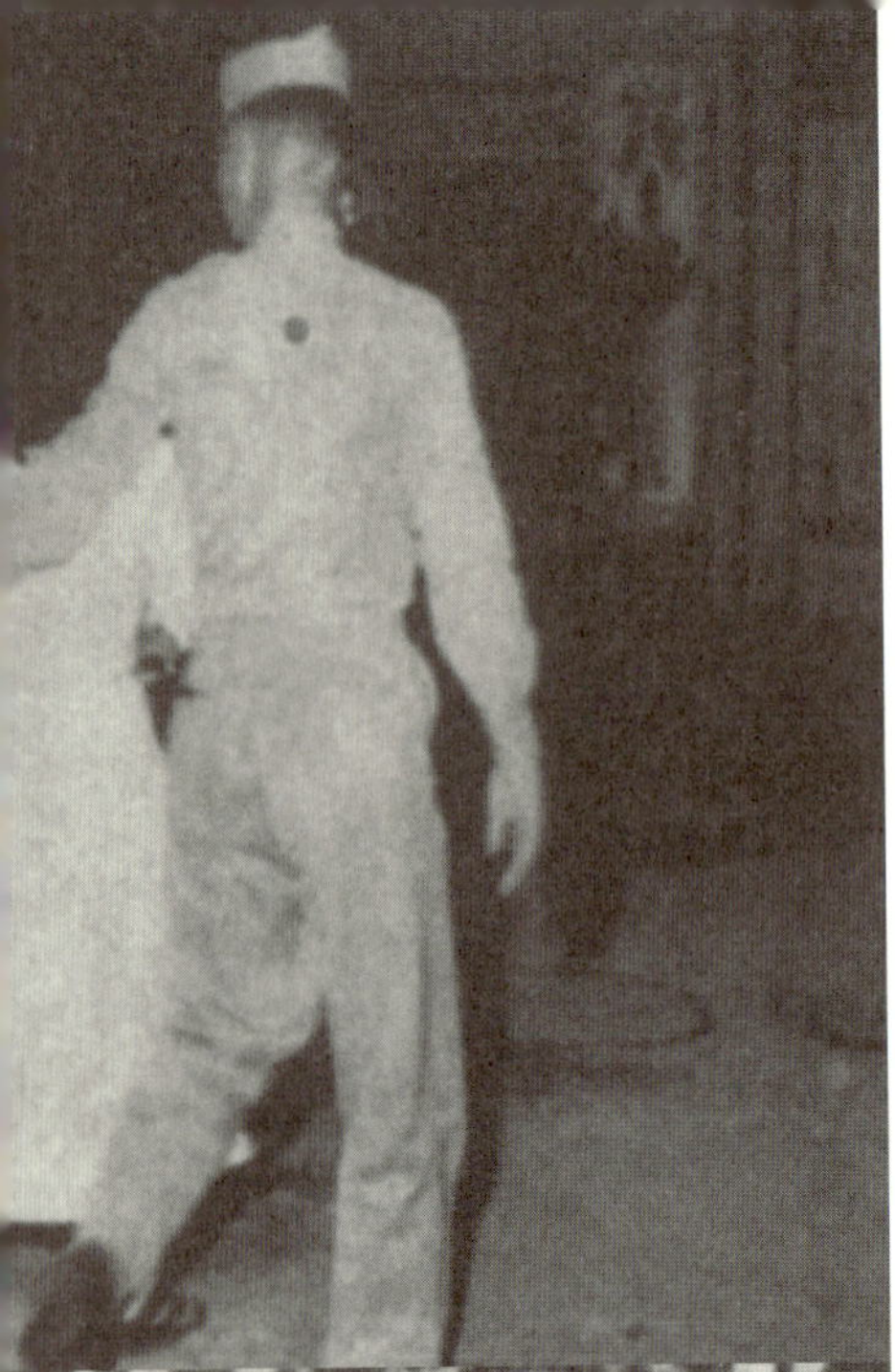

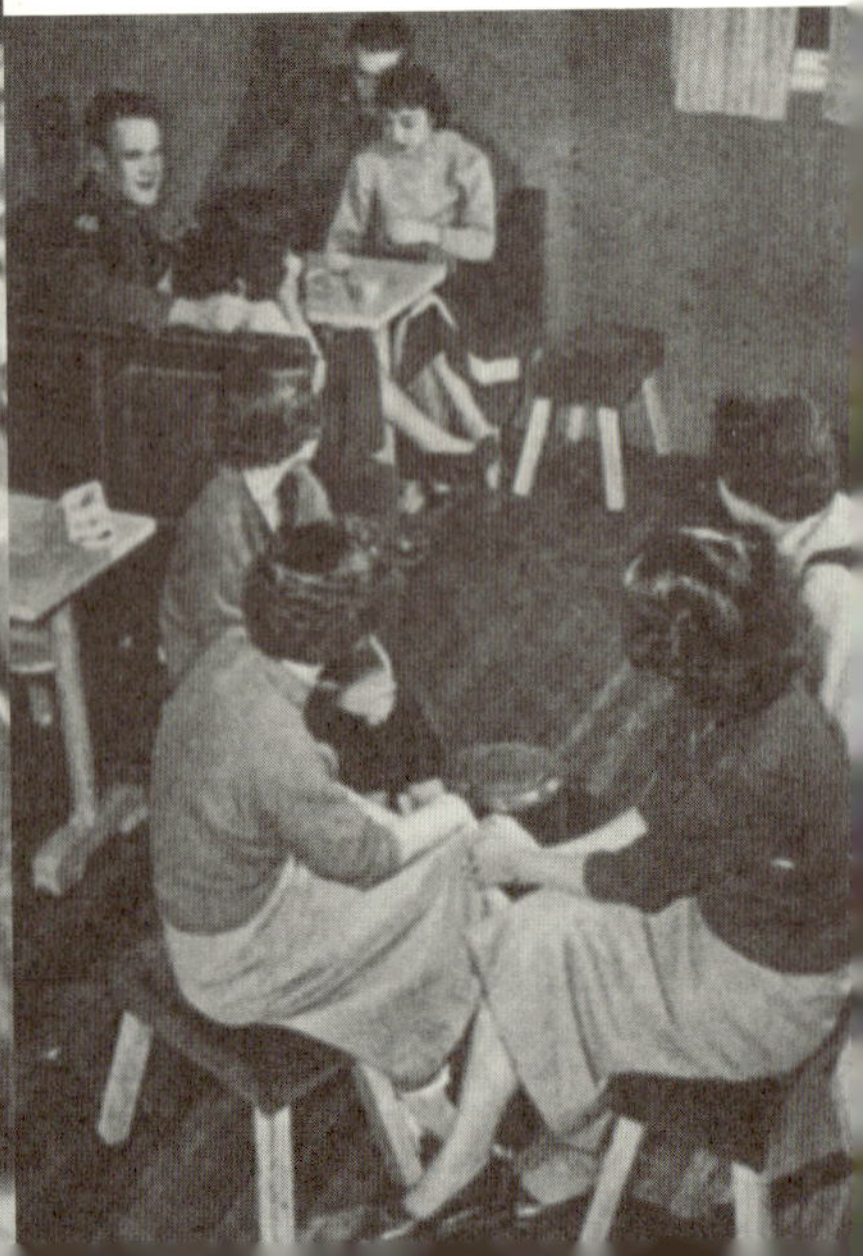

キャンプの周辺には女たちが群がった。昭和二七年頃。【写真：下／左】

吉原の女たち―

正確には「新吉原」。京町一、二丁目、角町、揚屋町、江戸町一、二丁目の六カ所からなり、都内一六ヵ所の赤線ばかりでなく、全国赤線のリーダー格であった。統計によれば昭和二七年、業者三一三軒、従業婦一四八五人が最高である。【写真：上】

赤線全盛期の吉原の業者は、〝おいらん道中〟を再現した。いうならば〝赤線のデモンストレーション〟でもあった。昭和二四年四月。【写真：右2点】

「一晩一万円ナリ」。

吉原女性の稼動メモ。

昭和二七年に開店の「R」は、超デラックスで売った。

吉原——

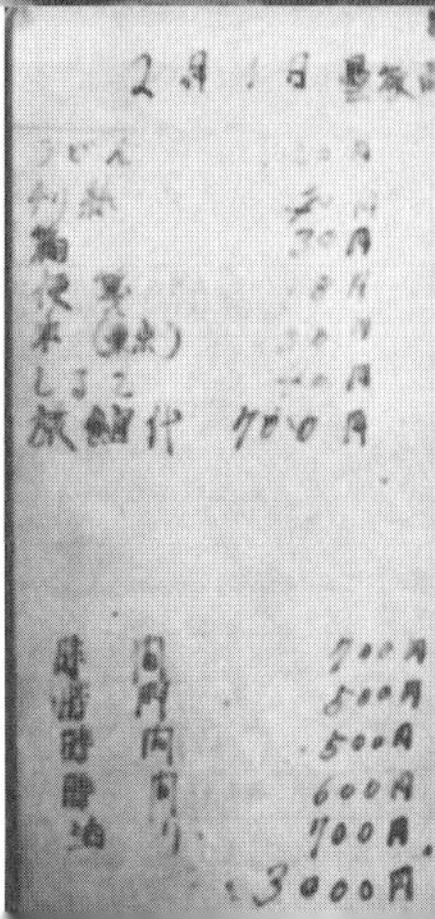

一晩に五人の客をとって、収入三〇〇〇円ナリ。

品川—明治の元勲たちも遊んだところ。【写真：上】

武蔵新田—「新田会館」には組合事務所もあった。【写真：下】

亀有—通人の間に愛された赤線。【写真：左】

新宿二丁目―山の手という土地柄か、業者も客もインテリぶった。【写真：右】

小岩―東京パレス。ダンスホールがある。〝田園赤線〟。【写真：左】

新小岩―通称「丸建」。亀戸の業者の一部が戦災後移転した。【写真：右】

ポン引き、街婦―この東京の夜を彩って、戦後十年を経たころはこんな光景が目立った。【写真：下】

州崎―新潟出身の女性が多かった。客は船員や工員らであって、通ぶってはもてなかった。【写真：右】

銀嶺
銀嶺

パンパンガールの狩込み—渋谷にて。昭和二五年。【写真：左】

婦人団体の集会。壇上は久布白落実さん。【写真：右】

消えゆく紅燈街——

赤線廃業宣言—都内の業者は昭和三三年二月一四日、吉原の事務所で解散声明をした。中央は鈴木明会長。【写真：上】

赤線最後の夜—昭和三三年三月三一日。この夜を最後に赤線のネオンは消えた。吉原京町で。【写真：下】

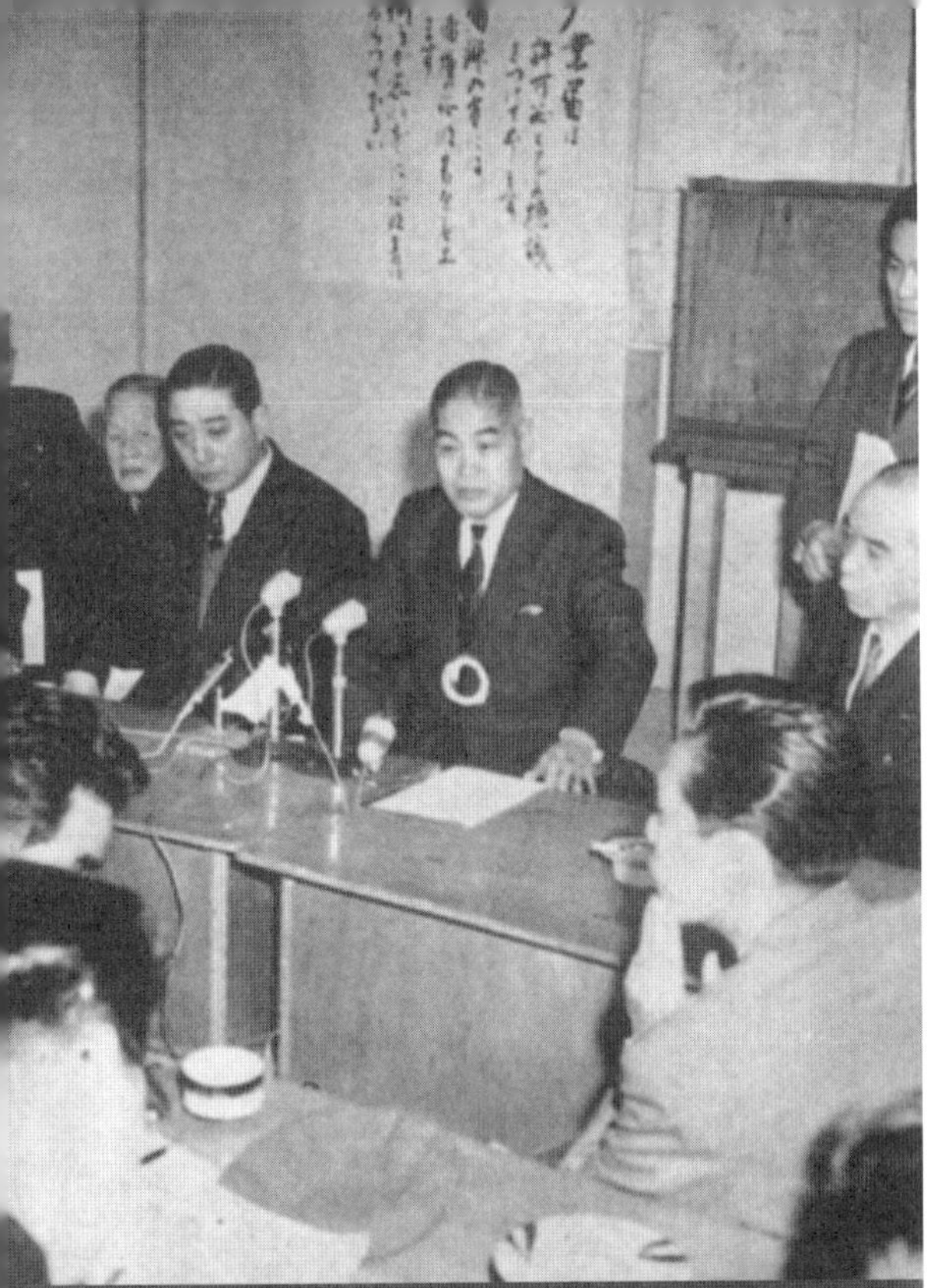

四度目の出版によせて

関東地方が八重桜に替わったある夜、帰宅したばかりの私は、その電話に一瞬耳を疑った。

声の主は雄山閣編集部次長・久保敏明氏。「あの著書『みんなしらない～国家売春命令』を新版として出版したい」。

その理由を聞きながら、私は正直言って戸惑いながらも嬉しさがこみ上げてきた。何故なら、この著書はこれで四度も〝日の目〟を見ることになるからだ。

初版が昭和三六年（一九六一年秋）、再版が昭和四六年（一九七一年秋）、三度目が平成四年（一九九二年秋）と、ほぼ一〇～二〇年間隔で、いずれも雄山閣さんから出版されてきた経緯がある。だから、今度で四度目、三度目から一六年目、初版からだと四七年目と相成る。初版の出版記念会が神田明神・明神会館で開催された時、誰かさんが「ベストセラー間違いなし」なんて気勢を上げた記憶があるけれど、「まさか四度もとは…」と、しみじみ実感している。

さてこの間も、思いもかけぬ〝波紋〟が相次いだ。例えば、私がフジTV戦後五〇年特別企画『女たちの戦争＝忘れられた戦後史・進駐軍慰安婦命令』（平成七年八月一八日放送）NHKスペシャル『敗戦、その時日本人は』（平成一八年八月一五日放送）の二番組に取材協力、この著書が参考資料に活用されたり、あるいは日本映画学校藤得ゼミB班によるドキュメント映画『吉原＝人間を生かす強い力・欲望の本質に迫る』制作にアドバイス（平成一五年五月一九日）などなど。

さらには『在日外国特派員協会での講演』（平成七年二月一六日）まで。講演依頼の趣旨は「埋もれかかった戦後史検証にぜひご協力を」。一市民にすぎない私にご指名の理由は、「雄山閣からの著書を見たから」とのこと。当日居並ぶ外国特派員ら百余名を前に、著書の要点を一時間半ほどお喋りして「より多くの犠牲を強いられる女性のために、強力な施策がとられることを願う」と締めくくったが、質疑の中で「最近の吉原をルポしたい。案内してほしい」なんて、ポン引きまがいの依頼まであって苦笑した。この講演、NYタイムス、ワシントンタイムス、ロンドンタイムス、AP、UPI通信社などなど、十数社が東京発で打電、紙面を英文で飾った。

この講演に、私は主催者の諒解を得て、日本キリスト教婦人矯風会の高橋喜久江さんをゲストにお招きした。高橋さんは、故久布白落實・同矯風会会頭らと女性の人権を巡る諸問題解消に取り組むこと五〇年、今は『売春問題ととりくむ会』会長だ。社会部記者として取材当時から何かとご教示、アドバイスをいただいてきた女性。この著書出版時にもお世話になった。改めて感謝と御礼を申し上げたい。

同時に、わが母校・國學院大學の先輩であり、社会部デスクとしてご指導いただき、この著書の共著者である〝大ちゃん〟こと亡き小林大治郎先輩の御霊前に三度目に続き、謹んでご報告もしたい。

併せて、この度の四回目の出版の声をかけてくださった株式会社雄山閣代表取締役・宮田哲男氏、編集部次長・久保敏明氏に、感謝を申し上げる次第です。

二〇〇八年初夏　村瀬　明

もくじ

本書は、二〇〇八年刊行の『新装版・みんなはしらない―国家売春命令』を、新たな判型として刊行したものです。

同書は、一九六一年刊行の初版を底本として、当時の記述をそのままにしておりました。

知られざる戦後史を後世に伝える貴重な歴史的史料と考えたからです。

本書も、この考えを踏襲し、初版時の記述となっております。

読者の皆様には、何卒ご了解いただきたいと存じます。

（雄山閣編集部）

【刊行履歴】

初　版　一九六一年刊行

第二版　一九七一年刊行

第三版　一九九二年刊行

新装版　二〇〇八年刊行

序にかえて

「戦後、日本の社会は、激しく変貌した。政治、経済、文化、風俗―あらゆる分野にわたって、戦前とまったく見違えるほど変ってしまった。性風俗も、また、例外であり得なかつた」

わたしたちは、一九六一年、このささやかな風俗史レポートが『みんなは知らない―国家売春命令』というタイトルで出版されたとき、その序文に、こう書いた。

以来、その変貌ぶりは、まったく予想をはるかに上回る急テンポであった。性風俗の場合、トルコ風呂の普及、バーやキャバレーのホステスたちの〝自由恋愛〟という名の単純売春の激増は、当然、予想したものであったが、想像を絶するケースも新たに登場してきた。

昔から「一盗、二碑、三妾」という言葉がある。人妻を盗むこと、女房の眼を盗み召使いと通ずること、妾を蓄えることが、男にとつてスリルのある順とされていた。それが、この間、売春形態の中に広く普及してきたのである。

まず、団地マダムなどを中心とした〝人妻売春〟。上役と平気で交渉をもってお小遣いをせしめるOL。学資と遊興費かせぎにセックス・アルバイトをする女子大生二号……そうして、その行きつくところが高校生や中学生の仲良しグループがする〝グループ売春〟である。

乱交パーティ、夫婦交換、ポルノの氾濫、性犯罪の激増、性病の蔓延……と、性風俗の混乱は、とどまるところを知らない。一見それは自由解放につながるものであり、素人売春にしても自主性をもったようにみえる。

しかし、性の自由には、常にトゲがかくされていることを、多くの人々は忘れてしまっている。例えば、戦後性風俗史の第一頁に登場するパンパンである。彼女たちの多くは、R・A・Aの〝卒業者〟であった。R・A・A（国際親善慰安協会）は、終戦直後、故近衛文麿公の発案で作られたもので、大和撫子の貞操を防衛する昭和の唐人お吉たちを管理していたのである。いわば、これは〝国家売春〟ともいうべき奇妙な存在だったが、半年ほどで解散させられた。その原因は性病の蔓延であったが、女性たちは街頭に立ってパンパンになったのである。

当時、国民が敗戦のショックにあえぎ、深刻な食糧難に苦しんでいたとき、彼女たちは颯爽と焼け跡を闊歩したのであった。それが五年たち、十年たったとき、わたしたちの取材網にかかってきた彼女たちは、ほとんどが悲惨な運命に打ちひしがれていた。実際の年令より十歳以上も老けてみえるものが大部分であった。

さて、今後、性風俗はどのように変わるか、想像もつかないほどである。が、一つだけ確実だと思えることは、現在、性の解放時代を享受したものたちが、精神的、肉体的に大きな代償を支払わされているだろうということである。

この本には、その対策は述べてはいないが多くの人たちが、「どうあるべきか」を考える材料は提供しているつもりである。性問題では、常に、より多くの犠牲を強いられる女性たちのために、強力な施策がとられることをねがう次第である。

著　者

第一章　国家売春命令

国家売春の幕あけ

五千万円の女体防衛作戦

無電の秘密指令

昭和二十年八月二十一日。焼け野原の東京の中心に、ポツンと生き残った議事堂、青く輝く夏空の下で、何か孤独であった。その裏手、永田町の首相官邸の奥まった一室では、夏だというのに閉めきったままで、蒸風呂のような閣議が続けられていた。話す人も、聞く人も、額にあぶら汗を流しているのは、暑さのせいばかりではないようだった。一種異様な息苦しさが、出席者全員の顔を蒼白にしていた。

閣議に列席しているのは、首相東久邇宮稔彦王・外相兼大東亜相重光葵・内相山崎巌・蔵相津島寿一・海相米内光政・法相岩田宙造・農商相千石興太郎・軍需相中島知久平・運輸相小日山直登・厚相兼文相松村謙三の諸氏。説明しているのは、全権委員・軍使の河辺虎四郎陸軍中将だった。

河辺は、この朝、マニラから緑十字のマークをつけた飛行機で帰国したばかり。報告は、〝終戦〟処理に関する連合軍の諸要求についてであった。ギッシリ鞄につまった要求書は、どれも厳しく履行を迫ったもので、誰もが、しばし深い溜息をつくような始末であった。議事は遅々として進まなかったのは当然であろう。かつて、このような経験をしたのは、一人もいないからである。

連合軍将兵のセックス処理が議題にのぼったのは、このときであった。しかし、閣僚たちは顔を見あわせたまま、誰一人、口をひらこうとしなかった。八月十六日、鈴木貫太郎終戦内閣が総辞職してから僅か五日、東久邇内閣にとって、胸がつかえるような思いであった。

やがて、ひときわ蒼白な面持ちの近衛文麿国務相が、口火をきった。「婦女子を性に飢えた兵隊たちから守ること、これが対策は緊急に立てられなくてはならない」。これをきっかけに甲論、乙駁、対策について激しい論戦が展開された。当の報告者河辺中将は、むしろ楽観論者で「彼らの軍規はきわめて厳しい。沖縄では婦女暴行で十年の刑を言い渡された兵もあるというし、またかつて欧州上陸軍の行方不明者中、約半数は婦女子を暴行したカドで死刑に処されたものだそうだ」など、さまざまな例を挙げたのち、「おそらく米軍はそのような慰安施設をわが方から申出しても受入れることはないであろう」と結んだ。

しかし、閣議の結論は、やはり副総理格の近衛国務相の意見に従った。こうして、戦後はじめてあらわれた占領軍相手の、いわば国家売春ともいうべき、新しい売春組織「国際親善慰安協会」（Recreation and Amusement Association 略称R・A・A）が誕生する機運がたかまってきたのである。

同協会設立に当って、人事面に関係した橋本嘉夫氏はその著『百億円の売春市場』の中で、この結論にふれて「平和進駐であり、軍規厳正といわれるアメリカ兵であるから、よもや無謀な暴行沙汰は起るまいが、進駐が長期になれば、アメリカ兵のセックスは考えてやらねばならない。それはむしろ禁欲に出来する暴挙を抑えることにもなり、一般婦女子の危険を防ぐことにもなる」といっている。

事実、近衛は日本女性の貞操の危機を真剣に考えていたようだ。閣議が終った後、直ちに、単独で時の警視総監坂信弥氏（のちの大商証券社長）を呼んで対策を依頼した。「日本の婦女子をぜひ守って下さい。この問題は、部下に委せることなく、あなた自身、陣頭に立って指揮してもらいたい」と。

そして、時を同じくして、内務省警保局長から、次のような無電の秘密通達が全国の各警察署長宛に発せられていたのである。

警察署長は左の営業について、積極的に指導を行い、設備の急速充実をはかるものとす。

記

性的慰安施設・飲食施設・娯楽場（カフェー、ダンスホール）等、営業に必要なる婦女子は、芸妓・公娼妓・女給・酌婦・常習的密淫犯者をもって、優先的にこれを充足するものとす。

これが、占領軍が進駐してくるだろうと予想される地域に指示された女体ベッド作戦に関する計画の基本線であったのである。

警視庁、業者を招集

東京では、警視庁が中心となって、業者代表と懇談を開始した。警視庁の記録よると八月十八日になっている。閣議が二十一日にあったのだから、近衛は閣議が行われる前にすでに手配を済ませたのであろう。従って、二十一日の閣議の席上、正式に「慰安施設提供に関する件」を決定したという説もあるので、この稿執筆に当って、東久邇内閣生残りの元閣僚にたしかめてみると、異口同音に「さア、昔のことだから忘れてしまった」と答えるだけであった。いまさら、昔の恥を……といいたげな表情であった。

招集を受けた業者たちは、東京渋谷の広尾小学校に疎開中の警視庁保安課に出頭した。「戦争中のヤミを追求されちゃかなわないな」などと話しながら及び腰であったが、話はまったく逆であった。課長の高乗釈得氏（故人）の説明によると、次のとおり。

占領軍の進駐に伴い、政府筋は占領軍と日本の婦女子の件で頭を悩ましている。保障占領とはいいながら、戦後には略奪や暴行がつきもの、どんな事態が起こるかわからない。そこで四千万の大和撫子の純潔を守るための〝防波堤〟をつくることが、ぜひ必要である。そのためには芸娼妓・酌婦など商売女をかり集め、アメリカ兵のセックスの欲望を組織的に解決する慰安施設を作らなければならない。しかも、この問題は急を要することであるし、業者の皆さんの力を借りなければ、到底できるものではない。どうか力を貸してもらいたい。もちろん、われわれとしては、全面的な援助を惜しむものではない……。

三人の代表は、思わず顔を見合わせた。が、それも一瞬、即座に口をそろえて「よろしうございます。全面的にお任かせ下さい。必ずやりとげてごらんにいれます」と、ポンと胸を叩いた。そこは、やはり業界の幹部になる人たちだ。警視庁から相談をうける前に、アメリカ兵がくれば当然女が必要になる。洋の東西、時の古今を通じて変らないのは性欲だから……と、心ひそかに、ソロバンをはじいていたのである。それだからこそ、二つ返事で引受けたのだろうが、この時の警視庁の態度、方針から、後年、世論の前に赤線・青線を廃止する事態になった際、「何でエ、警視庁のやろう、頼むときだけ頭を下げやがって……」と、業者たちがいきまき、売春汚職まで引起すことになるのである。

それは後述するとして、この日出頭したのは東京料理飲食業組合の宮沢浜治郎組合長・渡辺政治総務部長・辻穣相談役の三氏であった。この組合は、戦争中警視庁のお声がかりで都内の全料理飲食業者を集めて作られた統制組合で、傘下には料理店・料亭はもちろん、雑炊食堂から貸座敷と呼ばれる昔の遊廓、後でいうところの赤線業者まで含まれていた。組合に加入していないと、何一つ配給されなかったから、当時は大変な勢力をもつ団体であったのである。

初代組合長は、日比谷と銀座の「松本楼」の経営者で貴族院議員でもあった小坂梅吉氏、二代目が柳橋「柳光亭」の古立千吉氏、そして上野の中華料理店「五十番」の経営者宮沢浜治郎氏であった。

女体一本槍作戦決まる

宮沢組合長は、ただちに業者を集めると、声涙ともにくだる大演説を行った。「敗戦後の治安が回復するまで、人心の混乱を防ぎ、四千万の大和撫子の純潔を守るため、祖国再建の礎石となり、死力を尽して国家の要請に応えようと決意した」と。

いまから考えると、まったくナンセンスな話だが、そのときは、やはり悲壮な決意だったのであろう。宮沢組合長は、会議決定後、私財二十万円を投出して、R・A・A設立の準備金にしたほどだが、ここで、宮沢浜治郎なる人物にふれておく必要がある。彼の人となりや手腕が、R・A・Aの設立・運営・解散に重大な役割りを果しているからである。

宮沢氏は、左右の耳の穴から一群の黒々と長い毛が突出しているという、すこぶる異相の持主だった。自ら「耳毛」と号し、つねづね「この毛はオレの運命を支配している守り本尊だ。この毛のある限り、オレが欲することは必ず成就する。女房はみっともないというが、めったに剃るわけにはいかん」と得意であった。この異相から発する声も、すこぶるドスがきいていて、自信あり気にものをいうと、妙に説得力があって、反対意見のものも、コロリ賛成してしまうのであった。長野県で新聞を経営したこともあり、大衆心理をつかむのが巧みであったのである。

さて、この会議に集った業者代表の主な顔ぶれは次のようなものであった。

吉原組合長成川敏・鈴木明（後の吉原組合長・赤線業者の連合体全国性病予防自治会理事長）・芸妓置屋組合連合会会長代理高松八百吉・接客業組合連合会（三流どころの芸妓組合）会長瀬谷紋次・慰安所連合会（玉ノ井・鳩の街など公認私娼地の連合組合）代表杉村銀之助の各氏、それにそれらの統一団体東京料理飲食業組合の役員たち。

いずれも、各業者のチャンピオンぞろいだから、論戦は論戦を呼んで、意見は一向にまとまろうとしない。渡辺総務部長らがやきもきしながら、宮沢組合長の顔色をうかがうと、組合長は、疲れるまで意見を戦わせておけば、結論は自然に出るさ、といった様子で、泰然自若としたものであった。やがて、成川氏がズバリ提言した。

「要するに女だ。ヤレ天ぷらだ、スキヤキだ、と、ここで料理屋をはじめるような論議をしたところで何の役に立つ。なんといっても女だ。女の肉体一本ヤリでいかないでどうする……」。

結局、当初幹部たちが覚悟のホゾを固めていたように、女の肉体一本ヤリ、つまり食い気よりも色気というところに落着いた。それは八月十九日のことであった。

翌二十日、業者の代表は警視庁保安課を訪れ、慰安施設設置に関する腹案を出した。その内容は——

①　まず女を集める。この女たちによって、進駐軍将兵の慰安を第一にさせること。
②　新施設とともに、現存の各遊廓もそのまま利用する。
③　そのほか待合・貸座敷など接客婦のいる場所を利用すること。

これをさらに補足説明すれば

A　新設の施設には現存施設からも接客婦を供給するが、当然それだけの人数では足りないと思われるから、必要な人員を東京や近在から集めたいが許してもらえるか。

B　当分の間、日本人の慰安利用は遠慮願いたいが、どうか。

これは大変な申し出であった。つまり、売春婦を大っぴらに募集するのを認めてもらいたい、〝女体の買出し〟を許してくれというのである。まさに前代未聞である。高乗保安課長も、思わず息をのんだ。自分の権限内ではどうにもできる問題ではない。総監の決裁が必要だと、直ちに桜田門の本庁にかけつけた。

坂総監は「よかろう。存分にやらせなさい」と即座にいった。

総監の肚は決っていたのである。後のちには、いろいろな非難をこうむるだろう。しかし、現在、最良の道はこれしかない。そうと決ったら積極的に業者の尻押しをしてやるだけだと。

後年、大商旋風と呼ばれ、その積極的商法で証券業のヌーベル・バーグと注目された大商証券の社長坂信弥氏は、このときの坂総監である。豪毅果断、それが坂氏の処世術であるがともあれ、こうして戦後の売春組織は桜田門から不死鳥のように羽ばたきはじめたのである。

池田主税局長（のちの首相）の一声

坂総監の大英断（高乗保安課長の表現）によって、Ｒ・Ａ・Ａはスタートした。理事長は宮沢浜治郎氏、副理事長に大竹広吉氏と野本源治郎氏、常務理事に秋本平十郎氏（白山三業組合長）らが就任、以下東京料飲組合の幹部がズラリと役員に名をつらねている。

政府は当時の金で五千方円の貸付金の保証までしているのだから、政府直営ではないにしても、いわば「国家売春」ともいうべき、大規模な売春組織が公然と認められたのである。

もっとも、五千万円を貸付けるといっても、政府が直接出資するわけにはいかないから、内務省から大蔵省を通じて日本勧業銀行が業者に貸付ける形式をとった。五千万円を限度に、必要に応じて業者の振出す手形を勧銀が割引くという方法で話がまとまった。このとき大蔵省側の中心人物が池田主税局長だった。いうまでもなく、その後の首相池田勇人氏である。Ｒ・Ａ・Ａ側は大竹・野本の両副理事長、辻穣キャバレー部長が出席したが、五千万円融資をめぐって、一つのエピソードがある。池田局長は、いかにも大蔵官僚らしく、開口一番「金はいくらぐらいかかる?」と、短刀直入にきいた。そういう応待ぶりには慣れていないＲ・Ａ・Ａの幹部たちは眼を白黒させ、野本氏はテーブルの下から指二本立てて大竹氏の顔色をうかがった。野本氏としては二千万円のつもりだったものが、大竹氏は感違いして「二百万円もあれば……」と答えた。それでも当時の物価から約千倍とみると、現在の二十億円になるのだが、池田局長は無雑作にいった。「なにたった二百万円かね。たとえ一億円かかっても、それで大和撫子の純潔が守られれば、安いもんだ」大竹氏は「あとで野本に散々叱られちゃったよ。〝お前はバカだ。オレが二千万円とふっかけたら、たったの二百万円とは何だ〟ってね。結局、五千万円ということで、話がまとまり、三千三百万円が貸付けられたがね。やはり、池田さんは、そのころから大物だったわけだ」と語っている。

五千万円の貸付け担保には、R・A・Aを構成する七団体、つまり料飲を中心に芸者屋・待合・貸座敷・接待所・慰安所・遊技所の組合員の特殊預金（戦時火災保険金を凍結されたもの）の証書をあてた。

第一回分として、三千万円が九月六日に貸出されたが、それまでのR・A・A運営資金は、先に述べた宮沢氏のポケットマネー二十万円であった。この金で「第一ホテル」の数室を借りうけ、協会設立の仮本部とし、慰安所第一号となった大森の料亭「小町園」をはじめとする各施設の買収資金、八月中の人件費などをまかなっていたのである。

第二回は、翌二十一年一月十日に三百万円出たが、以後はストップしてしまった。GHQが勧銀の監査に当ったとき、この貸出しは不良貸付けのラク印を捺したからである。同日現在、R・A・A組合員の出資額は、前記の特殊預金と若干の現金を含めて千八百十三口で、未納出資額はそれを上回る千九百九口もあったため、「こんな薄弱な担保で、多額の金を貸付けるのは、不正があるからではないか」と鋭く追及されるのもやむを得なかった。

これに対して、大蔵省などは「ごもっともであるが、実はこれはあなた方の将兵を慰安するという特殊目的から、例外的扱いとして貸付けているのだ」と弁解した。そうなると、相手方も騎虎の勢いで「その配慮はまったく無用。今後は一切このような特別貸付けは停止すべきである」ときついお達しをしてきた。

〝新日本女性〟への突撃開始

皇居前で宣誓

名称		特殊慰安施設協会
目的		関東地区駐屯軍将校並びに一般兵士の慰安施設
設備		既設の堅牢優美なる和洋建築物を使用
企業内容	食堂部	西洋、中国、日本、肉食、天婦羅、汁粉、喫茶
	キャバレー部	カフェー、バー、ダンスホール
	慰安部	第一部芸妓、第二部娼妓、第三部酌婦、第四部ダンサー・女給・その他合計五千人
	遊技部	撞球、射的、ゴルフ、テニス
	芸能部	演劇、映画、音楽
	特殊施設部	温泉、ホテル、遊覧、漁猟
	物産部	販売
付属設備		衛生設備、厚生施設、教養部、雇員宿舎、クリーニング、美粧部、衣装部、装置照明、音楽部、営繕部
資金		一口一万円（特殊預金にても可）計五千万円を醵出し、これを見返りに低利資金五千万円の融資をうく
運営委員会		協会の最高執行機関として運営委員会をおく
指導委員会		内務省、外務省、大蔵省、運輸省、東京都、警視庁等の各関係係官をもって組織す
本部役員並びに職員		別に本部機構並びに企業担当制を規約す

政府の要請で誕生したR・A・Aが、正式に発足したのは二十年八月二十八日のことであった。皇居前広場で「特殊慰安施設協会（後に国際親善協会と改称）設立宣言式」が行われたのである。宮沢浜治郎氏はじめ全役・職員、来賓の官公吏が出席、「新日本再建の発足と全日本女性の純潔を守るための礎石事業たることを自覚し、滅私奉公の決意を固めるため……」というのが、その宣誓であった。

R・A・Aは目論見書や趣意書を各方面に配ったが、その内容をのぞいてみると上の表のようになる。

「目論見書」通りとすれば、たしかに世界にも類例のない一大娯楽施設が誕生するわけであった。事実、宮沢氏はそのぐらい宏大な構想と抱負を持ってはいたのであるが……。

次に趣意書の全文を紹介しよう。

畏くも聖断を拝し、茲に連合軍の進駐を見るに至りました。一億の純血を護り以て国体護持の大精神に則り、先に当局の命令をうけ東京料理飲食業組合、東京待合業組合連合会、東京接待業組合連合会、全国芸妓屋同盟会東京支部連合会、東京都貸座敷組合、東京慰安所連合会、東京練技場組合連盟の所属組合員を以て特殊慰安施設協会を構成致し、関東地区駐屯部隊将士の慰安施設を完備するため計画を進めて参りました。本協会を通じて彼我両国民の意志の疎通を図り、併せて国民外交の円滑なる発展に寄与致しますと共に平和世界建設の一助ともなれば本協会の本懐とするところであります。

本協会は右の趣旨に基き、直に運営を開始致します所存で御座居ます故、何卒御賛同の上大いに御出資を賜り、如上の使命達成に万全の御支援を御願い致します。

昭和二十年九月　　　　特殊慰安施設協会

〝新日本女性〟の公募はじまる

資金貸付けの保証と、慰安婦募集の黙認を約束されたR・A・Aは、さっそく銀座通りなどに大看板を掲げて、堂々と女を集めはじめた。その文句がふるっている。いわく……

◇新日本女性に告ぐ。戦後処理の国家的緊急施設の一端として進駐軍慰安の大事業に参加する新日本女性の率先協力を求む

◇女事務員募集。年令十八才以上二十五才まで。宿舎・被服・食糧など全部支給

誰が考え出したか知らないが、〝新日本女性〟とは、よくも名付けたものである。まさか〝女性一本ヤリ〟

のベッド作戦と謳うわけにもいかず、苦心したことであろう。また、宿舎・被服・食糧の支給は、焼野が原だった当時の東京の女性たちにとって、如何に魅力であったことか。さりとて、昨日の敵のセックス処理の相手をつとめるのが〝新日本女性〟敗戦国の悲しさといわずして何だろう。

募集に当たって警視庁は業者たちにきいた。「何人ぐらい集めるのか。また集まるのか」。業者の返事は「だいたい五千人ぐらいなら集める自信がある」ということだった。これには係官もビックリした。なにしろ、当時、都内のいわゆる〝シマ〟六カ所にいる売春婦の総計が三千五、六百人と記録されており、実際には、業者はモグリの売春婦を置いているから、それ以上の数になるとしても、一挙にその倍近くの売春婦を集める自信があるというのだから、驚ろかない方がどうかしている。この募集の裏付けの片棒が、五千万円の貸付け保証であったのだから、春秋流の筆法でいえば、池田首相は、所得倍増ならぬ〝売春婦倍増〟計画の中心人物であったということになる。

バカでかい看板の反響は、たちまちあった。銀座七丁目の料理屋「幸楽」に移ったR・A・Aの本部には、毎日、二十人から三十人の応募者が押かけた。応募者たちの大部分は、その実態が慰安婦募集であることを知らなかった。ことの次第を知ってまずガク然とするのであった。橋本嘉夫氏の『百億円の売春市場』には、その模様が次のように描写されている。

化粧らしい化粧もしていない、たったいままで焼け跡のガラクタを掘返していたようなモンペ姿の娘は、キョトンとした表情をこわばらせた。

「あの事務の方の仕事は、もう残っていないのでしょうか?」「事務の仕事といっても〟まだまだ先のことだし、事務員としては寄宿舎、被服、食事、給与というわけにはいきませんぞ。お国のためになる仕事ですが、どうですかね……アメリカ兵に頭を下げてやる仕事じゃない。日本人として、こちらがむこうの兵隊を慰安してやる……」「でも……、あの、慰安婦とは思わなかったんです」。

別のテーブルの前では、「あのう、ダンサーが希望なんですの。それに主人が……」「ご主人、ダンナさんがいてはね」「主人が復員してくるまででもダンスホールで働きたいのですけれど」「つまり慰安所の方ではムリですな。おすすめできるものでなし」「すすめられても困るわ。あたし、そこまでいかなくたって」ダンサー志望の人妻は、大きく口を開けて笑うと去っていった。

また慰安婦になるのだと説明を聞くなり「あんまりだわ。事務員募集と聞いたからきたのに、アメリカ兵の慰安所に行かされるのですって……でもオ……お金にはなります？……」。

「食うためには何でもする」というきびしい時代がやってきていたのである。その意味では、最後のセリフ「お金になりますか？」は、まさに戦後そのものであった。事実、面接に立会った山下茂氏（元常務理事日本料理課長）の話によっても、実態は慰安婦だといわれて、そのまま立去る女性は殆んどいなかったようである。

特攻隊のなぐり込み

新日本女性とは、実は慰安婦であることは、間もなく、知る者の間には知れ渡ってしまった。それを聞きつけて、特攻隊生き残りの若い将校が腰に昭和刀をぶら下げ半長靴のカカトを鳴らして踏み込んできた。「こんなことをさせるために仲間は玉砕していったのではないッ」と烈火の如く、怒鳴りあげる。かと思えば、いきなり日本刀の抜身をふりかざして「売国奴的事業をする奴を出せ。天誅《てんちゅう》を加えてやる」と暴れ回わる連中も一人や二人ではなかった。

まだ、神州不滅を信じ続ける右翼がたくさんいた時代のことである。「鬼畜米英に、こともあろうに日本の女を売ろうとはケシカラン」といきまき、ことと次第によっては、本部もろとも、協会幹部を爆殺してやろうなど、物騒な手合いも少なくなかった。

「そんなことが毎日、毎日続きました。はじめはちょっと驚きもしましたが、すぐ馴れてしまって、われながら落着いて説明してやったものです」と、辻穣氏は回想する。

辻氏らは「断じて進駐軍に媚びるわけではない。一億の純潔を守り、国体護持のために挺身するものであって、あわせて、国民外交の実を挙げようというのが、本協会の使命である。その目的にそって、応募者は卒先協力してくれているわけで、協会幹部も宮沢組合長が私財二十万円を投げ出して運営資金にしたように、滅私奉公の精神でやっている……」と力説したのであった。

「うーん、左様であったか。話せばわかる」などと、乱入者たちは、最初の勢いもどこえやら、あっさり帰って行くのが常だった。これら愛国者は、タチがよい方だったが、本部に押かけてくるグレン隊やヤクザには、ホトホト手を焼いたという。「ずい分景気がよさそうじゃねエか」とはったりをかませては、小遣い銭が出るまで帰ろうとしないからである。

慰安所第一号開店

こんな思いをして集められた慰安婦の第一陣が、慰安所第一号の小町園に送り込まれたのは二十年八月二十六日であった。その数は約三十人であった。開店が二十七日、宣誓式が二十八日、占領軍の第一陣が厚木飛行場に着いたのも二十八日であるから、すべてはめまぐるしさの中に準備されたのである。

彼女たちを乗せたトラックが本部を出発するとき、幹部たちは思わず「万歳」を呼んだという（常務理事佐藤甚吾氏の話）いまから考えれば、甚だ滑稽だが、そのころの心境としては、「可愛い年ごろの娘たちが〝人身御供《ひとみごくう》〟にあがるのかと思って……」（山下茂氏の話）、悲壮な気持であったろう。

人身御供の装束は白無垢と決っているが、彼女たちの晴れ着として、メリンスの長ジュバン一枚、肌着と腰巻き各二枚が支給された。このほか、セルロイドの洗面器、石鹸、歯ブラシ、歯みがき粉、タオルに手拭いが、東京都から〝特配〟になった。一番困ったのは紙でゴワゴワの浅草紙しかなかったが、窮すれば通ずで、後には手拭いを半分に切ったものを消毒して使うようになった。

これらは、「被服その他支給」などと、銘打つほどのものではなかったが、宿舎の方もまたヒドイものであった。小町園では戦争中に荒れた内部の模様を化粧替えするために突貫工事を行ってきたが、彼女たちの「お城」は、なんと一つの部屋を屏風で二つか三つに仕切っただけのものだった。俗にいう「割り部屋」である。そこで、彼女たちは国際親善のために、身を投げ出さなければならなかったのである。

ベットに突撃した米兵たち

「割り部屋じゃ、いくら何でも……」という意見は、間もなく訂正される事態が発生した。開店三日後、三十日には慰安婦は百人にふくれ上っていたが、それでも続々と押しかける米兵の欲求を満すにはあまりにも不足だったのである。その状況を『R・A・A協会沿革誌』の記録から、のぞいてみよう。

海に陸に空に赫々《かくかく》たる武勲をたてた進駐軍将兵にとって、なにより慰安すべき面はセックスの満足であった。そこでともあれ京浜地区で〝小町園〟を皮切りに慰安所を設け〝楽々《らくらく》〟〝花月〟〝仙楽〟〝見晴《みはる》〟〝波満川《はまかわ》〟〝いく穂〟〝やなぎ〟〝乙女〟〝清楽〟〝日の家〟等を逐次開業とする運びとなった。さてフタをあけてみると気の荒い面々、砂漠にオアシスを見つけたごとく欣々然と行列を作り彼女等に肉迫していったのは、けだし天下の壮観であった。しかしながら、時には土足のまま室内にちん入するものもあり、左右に開閉する障子・唐紙を欧米式ドアと感違いして破損するものあり、あるいは突飛な時間にあがり込んで女を求め、応じなければ従業員と慰安婦の見境もつかず、手当り次第にねじふせて押えこむものもあり、それを阻止しようものなら、なぐる、ける、たたくの乱暴狼籍、かたや戦勝国民かたや敗戦国民、一切の話合い、談判は一方的に遮二無二押切られるみじめさ。ために通訳や従業員の面々、ケガを負うもの日毎、夜毎その数を知らず、まことに命がけとはこれをいうのであろう……。

また、「R・A・A回顧座談会」(《内外タイムス》三六年三月九日)で、当時の協会幹部たちが、話している開店当時の模様をまとめてみると――

開店と同時に、ジープが小町園を取囲み兵隊たちは一種異様なトキの声をあげて〝突撃〟してきた。彼らは京浜国道に延々と列を作り、それぞれ百円札を手ににぎりしめ、目をギラギラと血走らせていた。中でも黒人兵は赤黒い舌をペロペロさせながら、土足で上り込み、相手に決った女を、いきなり小脇にかかえて〝割り部屋〟に入って行くすさまじさだった。女たちは恐ろしがって泣き出し、柱にしがみついて動かないものもあらわれた。

当初はもっぱらショート・タイム専門で、一回三十円ナリであった。ショート・タイムという言葉がわからないため、通訳は仕方なく「ワン・タッチ・サーティエン」とやっていた。協会側と女たちの利益配分は折半であった。このショート専門というのは、前にも述べたように、厖大な需要を急速にこなすためであったことはいうまでもあるまい。

開店当日は夜十二時でひとまず受付けを打切ろうとしたが、渇きっぱなしの兵隊があとからあとからやってきて、納得しない。やむなく、女の能力の限度一杯でチケットを発行した。チケットがないものは待っていても無駄であるから、引取ってほしい、と説明すると、こんどはチケットにプレミアをつけて仲間に売出すものもあらわれた。二枚も三枚も買い集めて突撃してくるツワモノもかなりいた。彼らは割り部屋に入るや衣服を脱ぐのももどかしげに、周囲に人がいようといまいと、一向おかまいなしに、コメツキバッタよろしく汗を流したのである。可哀そうなのは女たちで、嵐に見舞われた小舟のようにみんなクタクタだった。最高・晩に四十七人の兵隊を相手にした女もあらわれる激戦でもあった。

激増する慰安所

慰安所に殺到する将兵の数は日増しに増えた。激戦地から日本に集結してくる連合軍の将兵は性に飢え、慰安に飢え、しかも戦時特別給与でふところが暖かかったから、湯水のように乱費した。R・A・Aの施設はたちまち、海綿のようにふくらんだのである。ここに、スタート三カ月後、つまり昭和二十年十一月末現在の、R・A・Aの事業内容について警視庁保安課で調べた資料がある。数字ばかりで、無味乾燥だが、よくみれば当時の売春分布図として興味があるので書き写してみよう。次の表に纏めた。

京浜地区	楽楽園（直営慰安所、慰安婦四十人）見晴（同、四十四人）波満川（同、五十四人）仙楽（同、同）花月（同、同）やなぎ（同、二十九人）松浅（委託慰安所）沢田屋（同）福久良（同）悟空林（兼キャバレー、慰安婦四十五人、ダンサー六人）乙女（同、慰安婦二十二人）ほかに慰安所から転業した小町園（料理屋）
品川地区	京浜デパート（直営キャバレー）

銀座・丸ノ内地区	千疋屋（直営キャバレー、ダンサー百五十人）オアシス・オブ・ギンザ（同、四百人）伊東屋（ダンスホール）緑々館（キャバレー、ダンサー百人）工業クラブ（キャバレー兼高級レストラン）銀座パレス（キャバレー）ボルドー（バー）銀座耕一路（コーヒー・パーラー）日勝館（ビリヤード）
小石川地区	白山キャバレー（白山見番二階を改装）
芝浦地区	東港園（協会委託キャバレー）
向島地区	大倉別邸（直営高級宴会場）
板橋地区	成増慰安所
赤羽地区	子僧閣（キャバレー、ダンサー百人）
三多摩地区	福生（慰安所、慰安婦四十三人）楽々ハウス（キャバレー兼用、六十五人、ダンサー二十五人）立川小町（慰安所、慰安婦十人）立川パラダイス（個人経営、キャバレー兼用、慰安婦十人、ダンサー五十人）調布園（直営慰安所、慰安婦五十四人）ニュー・キャッスル（委託慰安所兼キャバレー、慰安婦十四人、ダンサー七十人）また、このほかに二十五カ所の慰安所、接待所もそれぞれ店開きした。（カッコ内の数字は慰安婦数）

浅草地区	吉原遊廓（四十二）
向島地区	向島接客所（三百二十三、旧向島三業地で十九年三月の非常措置後転業）洲崎慰安所（旧洲崎三業組合の一部）寺島慰安所（七十二、玉の井銘酒店地域）
葛飾地区	立石慰安所（九十八、亀戸銘酒店業者が戦災後移転）亀有慰安所（王の井が移転）
江戸川地区	新小岩慰安所（八十二、亀戸業者と平井接待所の一部が移転）
四谷地区	新宿遊廓（三十二）
淀橋・中野地区	十二社慰安所（二十二、旧十二社三業）新井接待所（百七十三、旧新井三業）
板橋地区	板橋接待所（旧板橋貸座敷業者と大塚接待所業者）
小石川地区	白山接待所（八十二、旧白山三業）池袋接待所（五十、旧池袋三業）
荒川地区	尾久接待所（七、旧尾久三業）千住遊廓（百十七）
渋谷・品川地区	品川遊廓（二十二）品川接待所（九十一、旧品川三業）五反田接待所（十、旧五反田三業）渋谷接待所（四十、旧渋谷三業）
日本橋地区	葭町接待所（四十九、旧葭町三業の一部）
蒲田地区	武蔵新田接待所（二十七、洲崎貸座敷解消に際して業者の一部が移転、私娼街として開業中のもの）
三多摩地区	八王子遊廓（八十九）立川慰安所（五十四、武蔵新田と同じ）立川接待所（四十四、旧立川三業）調布接待所（六、旧調布二業と貸座敷業者の合体）

この二十五カ所の慰安所・接待所は、R・A・A解散後、旧三業地が三業地に戻った以外は、ほとんどそのまま、〝赤線地帯〟として残り、売春防止法によってネオンが消されるまで、繁昌した地域であった。その意味で、終

戦後僅か三カ月半で、戦後公娼地図の基礎が出来上ったといえる。まことに、国は敗れても売春は死せずである。

盛況きわむキャバレー・ビヤホール

慰安所の盛況ぶりは、項をあらためて次にくわしく紹介するが、ここで、キャバレー・ビヤホールの様子に、ちょっとふれておこう。協会の機関紙「R・A・A時報」（二十年九月二十八日発行第二号）から拾ってみると――

銀座ビヤホール

最近毎日二千から二千五百グラス内外を販売しているが、午後四時の切符売切れ時にもなお二百人ぐらい行列を断わる盛況。「銀座通りになお二、三軒のビヤホールの設置を…」。切符売場を閉じたあと米兵を断わるのに一苦労した通訳連の訴えである。事故は全く減って、ときには銘酊して口論するものもあるが、売場幹部の適切なMPへの連絡によって円満に解決している。

最近の売り上げ総計は九月十九日二千人、ビール販売量一千百九十九リットル、売上げ金九千五百九十円。同二十一日二千人、一千三百十五リットル、一万五百十四円五十銭。同二十二日二千人、一千三百十二リットル、一万四百九十円。同二十三日二千人、一千三百三十リットル、一万六百四十円。

（設備はホールの中央に馬蹄形のスタンドがあり、そのなかで女給が接待。値段は半リットルコップ一杯が、二円、瓶詰一本十円）

千疋屋キャバレー

開店の翌十九日からダンス開始、二十三日からバンド伴奏をはじめたが、ダンスを踊りながら飲む将兵のいかにも朗らかな、そして和やかな空気の横溢であろう。今さらながらダンスが彼等国民性にいかに適しているかがうかがわれる。

切符の売上げは九月十九日＝二百十七枚、売上げ金四百三十四円。同二十日＝二百十枚、四百二十円。二十一日＝四百十五枚、八百三十円。二十二日＝四百七十六枚、九百五十二円。二十三日＝六百三十七枚、千二百七十四円。ダンサーも日数を経るにつれて馴染客が出来、チークダンスなど濃厚な場面もときどきみうけられる。商売柄、うんと愛嬌をふりまいてもらいたいが、下卑なサービスはトラブルのもと。彼女たちの清楚にして濃厚な情操の表現法の教養指導が望まれる。

オアシス・オブ・ギンザ

開店は二十年十一月二日。純日本調の装飾、一万三千平方メートル余の広さで、ダンサー数は三百五十人。一日平均の売上げは三万円程度だが、クリスマスをひかえていっそうの努力が必要――。

ビヤホールが繁昌したのは当然であった。戦地ではカン詰ビールしか飲めなかった占領軍としてみれば、戦争中でも味を落さなかった日本のビールが、いかに美味かったか。折から、ビールのシーズンでもあったから。ダンスホールは、まだ冷房もない最低の設備であった。しかし、戦地帰りの兵隊にとっては、女と踊れるだけで満足であったであろう。東京周辺地区には、これらダンス好きの兵隊が、続々進駐してきたから売り上げは増す一方であった。その数は、九月中旬の統計によると、立川基地八千、横須賀千七百、厚木千、館山三千七百、木更津二百三十、熊谷七千五百、御殿場七百五十など、ざっと五万人（陸軍は米第八軍、海軍は第三艦隊所属の米軍が主力）にのぼっている。一方、占領軍部隊の増加にともなって、東京以外の地方都市にも、つぎつぎに施設がふくらんでいった。関西方面では、

京都	空襲から逃れた京都市では既存設備の一部改装で足りると当局では診断、早くも完備されたが、島原・七条新地・宮川町・祇園・先斗町・中書島などの各遊廓にダンスホールを併備して改装を終えた。
大阪	歓楽設備は総合的なもので、いずれもキャバレーの名称のもとに出願許可をうけ、現在十三カ所に設営準備が進められているが、府の方針は資本金三百万円以上と規定。現在のところ歌舞伎（赤玉経営）・マルタマ・国際クラブ・日の本（飛田遊廓有志）・新宿などが出来ている。いずれもダンスホール・キャバレーなどに各付随施設を有するもので、接待婦は芸者ガールの名称のもとに募集している。
神戸	国際的港都だけあってこの点では洗練された毛並みをみせている。目下予定されているのは山の手にダンスホール、元居留地一帯のビル街にはキャバレーが作られる模様。（《料飲聯合新聞》20・25号から）

また京都においては、特殊施設として東山・都ホテル・仙楽園・祇園二部・弥栄会館・宮川町にキャバレー・ダンスホール場を設け、これらはホールを主として酒場・休憩所・玉突き・散髪・浴場などを併設している。純キャバレー・スタイルのものは元先斗町歌舞練場（キャバレー・カモガワ）河原町ニュース館（キャバレー歌舞伎）のほか平野屋・菊水・ブラジレイロなどが工事を急いでいる。

悲鳴あげるR・A・A

〝深刻な玉不足〟

急激な性の需要は、急速な〝玉〟の供給をうながした。業者たちはR・A・A発足にあたって「五千人は集めてみせる」と豪語したにもかかわらず、実際に集ったのは千三百六十人に過ぎなかったし、この千三百六十人が予期したほど使いものにならなかったからである。「お金になるため……」や「国家のための人身御供」と決心はしてみても、所詮は素人上りであった。赤線出身の〝性の熟練工〟のように、一晩四十七人もこなすなどは、出来得ようはずはなかった。

このため、政府は全国約一万三千人の公娼のうち一万一千人を占領軍専用にすることを認めた。一万三千人という数字は、太平洋戦争がはじまった昭和十六年の三万七千人からみて、三分の一以下の激減ぶりである。戦争の拡大とともに軍需工場への動員、空襲による疎開や帰郷などがその原因になっている。しかも、その大部分は戦災をうけない地方、たとえば京都・秋田・新潟・札幌・金沢に集中しており、東京・横浜・大阪には僅かしか残っていなかった。三〇ページの「激増する慰安所」で都内各所の慰安婦数を紹介した際、吉原遊廓にはたったの四十二人しか慰安婦がいないことに気付いた読者があるかも知れない。だが、それは誤植でも何でもない。それだけ、東京の娼妓たちは減るだけ減って、何処にも行き場のない者だけが僅かに残っていたのである。業者たちは必死になって玉探しをはじめた。軍需工場に動員したもの、疎開したもの、帰郷したもの〝現役復帰〟を図って、東奔西走した。新聞広告やポスターを使っての公募もはじめた。あまり派手に行った結果、当初は募集の黙認を約束した警視庁も業者に警告を発し、各署に監視を指示しないわ

けにはいかなかった。その指示の内容は

◇慰安婦の求人注意方の件

標記の件、左記の通り内務省行政警察課長より通牒有之候、業者の指導上遺憾なきを期せらるべし。

追て各接客業組合聯合会に対しては当部に於て指導済に付念為。

記

聯合軍進駐に伴う特殊慰安施設等の整備を急ぐの余り一部の業者に依りては従業婦の獲得に狂奔し女給・ダンサー・慰安婦等の求人広告を新聞紙上その他に掲載するの向漸く滋からんとする傾向有之斯くては社会風教上考慮すべきものと思料せらるるに付、此際業者をして斯種広告掲載等は自粛せしむる様内面指導に留意せられ度。尚娼妓・酌婦等紹介業者にして誇大・虚偽なる言辞を弄し或は紹介先を隠蔽し以て不正なる紹介を為す等の事なき様指導取締を為し之等婦女子の保護に遺憾なきを期せられたし。

（原文のまま）

この警告が発せられたのは、R・A・Aが発足してから二カ月経過してからであり、一般の素人女性はもう「宿舎・衣服・食糧」付きの甘い手には乗らなくなっており、現実には玄人相手の広告になっていた。

しかし、素人女性が慰安婦に狩出されるという現象がなくなったわけではない。東京には少く見積っても約六万人、全国では四十万人以上の若い女性が、空襲で家や家族を失い、飢えと不安におびえながら職を求めていたのである。勢い、この現象に目をつけた。

業者は極めて悪らつな方法まで使った。例えば、占領軍の日本上陸一ヵ月間に全国で三千五百人以上の女性が暴行されたと警察の記録にある。実数はおそらく数十倍になっていただろうが、そのなかでも横須賀市に起った事例、こわれた貨車の中に住んでいた若い妻とその妹が六人のMPに暴行されたのを知った業者は、同情したり強迫したりして慰安所へくわえこんだりした……。(五島勉編『続日本の貞操』)

つまり、玄人に対しては〝厚遇〟を約束した広告で釣り、素人にはスカウトで、玉を集めるようになっていたのである。施設に集められた女性たちは、占領軍の将校相手に肉体サービスをさせられ、ひところみたいに行列を作ったり、やみくもに突撃してくることはなかったが、数をこなすことや、変り型の体位などで、かなりの重労働を課せられたはずである。にもかかわらず、だまされたり脅されたりした女性は、なぜか逃げ出そうとはしなかった。

「私はアメリカの将官と寝たのよ」というセリフを取調べの係官の前で吐き、唖然とさせたような洋パン全盛時代(二十五年—二十七年ごろ)ならともかく、当時はまだ鬼畜米英という感情が残っていた時代であった。金になる魅力はともかくとして、何故逃出そうとしなかったのか。

この疑問に対して、元R・A・A協会の幹部S氏(本人の希望で匿名)はこういっている。

全国の良家の子女のかわりに犠牲になるという、あきらめの心以外にない。ひと口にいえば、日本の女が長い間教育されてきた〝あきらめの美徳〟があったから、逃げ出せなかったのではなく、逃げ出そうとしなかったのだ。進駐軍に暴行されてヤケになったという女性もいたにはいたが、そんな連中でも〝自分の犠牲によってほかの人がいくらかでも救われるのなら〟といっていましたからねエ……。

まだ、人のためにすすんで犠牲になろうという美徳が残っている時代だったのである。だから、彼女たちは、R・A・A発足の際、警視庁が特に名付けてくれた「特別挺身部隊員」という名称を愛していたし、その通りだと思い込んでいた。業者たちも「毎日の訓辞には〝お国のため、日本の貞操の防波堤〟であることを強調した」（佐藤甚吾氏＝キャバレー、ニュー・アタミ支配人当時）必要以上に犠牲の意義を植えつけた嫌いはあるが、そうすることによって、苦しい毎日の慰安所生活に堪え、妥協し順応していったのである。

実際のところは、政府と業者たちは「進駐軍慰安婦」とズバリそのものの名で呼んでいたし、占領軍当局は、単に「慰安婦（Serving Ladies）」というか、すでに芽ばえていたパンパンと区別して「組織された売春婦（Organized Prostitutes）」と名付けていたのである。

この名前の差は、裏返していえば、業者の商魂につながる道であった。つまり、業者たちは占領軍の将兵たちから金を受取っても、女たちには扱わせなかったのである。彼らは「兵隊が直接女に金を渡せば、はっきり肉体の報酬ということになり、彼女たちはいやでも〝挺身〟ではなく〝売春〟であることに気付く。そう思い込まれては仕事がやりにくい」と広言していた。それには一面の真理はあるが、金が女の手を経由しないことは、業者の搾取の自由を確保させることでもあった。玉代を女に支払っていた赤線・青線ですら搾取はあったのだから。

ゲイシャ・ガールに集まる人気

慰安所はどこでも連日超満員であったが、特に人気のあったのは、品川・向島・亀戸・白山・吉原であった。「フジヤマ、ゲイシャ・ガール、ヨシワラ」が外国人の日本に対する知識の大部分であることを思えば、当然の成行きであったろう。吉原以外は芸者を主体とするものであった。もちろん、占領軍に提供されたのは、いわゆる枕芸者であった。「ぜいたくは敵だ」という時代、さらには戦災にあって、着たきり雀の彼女たちは満足なお座敷着もなくお稽古のかわりにハンマーを持ったりしていたから、芸もロクすっぽ出来なかった。やむなく、都に泣きついて手にいれた銘仙の安物をお座敷に着て出たのだが、「オー、キモノ、ゲイシャ・ガール、ワンダフル!」と、将兵たちは大喜びであった。

彼らはキモノ、ゲイシャ・ガールとお膳立てがそろってさえいれば、芸などはどうでもよかったのである。例えば、向島のS姐さんである。

S姐さんはどちらかといえば、体こそ豊満、当節の言葉ではグラマーというんだそうですね、大柄のほうでしたが、顔の造作はむしろ不美人でした。芸だって、ロクに弾けないし、唄えないし、踊れないしで、これといって取柄はないのに、アメちゃん仲間の人気は大変なもので、たちまち向島きっての売れッ妓になってしまいました。千円のチップをはずむ兵隊も出る始末です。なにしろ泊り三百円、遊びで百円が相場だったころですから、この千円の使用価値がどのくらいだったかおわかりでしょう。もちろん、チップとしても最高額でした。S姐さんはいつも一晩平均十人の客をとっていましたが、どの相手にも十分満足のいくようなサービスをしたため、苦情の持ち込まれたためしは一度もありません。それでいて、いつも元気一杯なのは、グラマーのせいだろうともっぱらの噂でしたが、アメちゃんたちは、こんな鳩胸、出っ尻りのほうが柳腰の日本美人より好きだったんですね。

——これはある芸妓置屋の女将の思い出話である。

S姐さんのいた向島は、一名リバー・サイドと呼ばれ、花街の中でも、一番評判が高かった。隅田川に近く、昔ながらの雰囲気が気に入っていたのだろう。そして、その向島でもとりわけ大倉別邸が占領軍将校に喜ばれた。明治の政商大倉喜七郎男爵の別荘だったもので、江戸時代以来、豪商たちが建てた寮（別邸）の中でもズバ抜けて立派な建物と庭を備えており、客ダネの良さを誇っていた。

ゼネラルの中には「今夜はビールにスキヤキね。ゲイシャ・ガールはいつもの花子さんいいね」と勝手なものであった。あいにく花子姐さんに旦那がいても、おかまいなしだった。たまたま、初めての座敷のとき、芸の達者な一級品の芸者として、お気に入られたのが花子姐さんの運の尽き。強引に枕席にはべらされ、以来、手前だけ馴染のつもりで注文をつけてくる。泣く子と占領軍には勝てない時代だから、通訳氏は頭から湯気を出して怒る旦那をなだめ、いやがる花子姐さんをおだてながら、お座敷に送り込んだりしていたのである。

リバー・サイドを愛したゼネラルの中に、毎晩通ってくるのがあった。彼はその度に〝三連戦〟をするというので有名であった。しかし、向島の常連たちの最大のツワモノはS大尉であった。大尉はY子というS姐さんに匹敵するグラマーを愛していたが、ある日、Y子は「きようは胃が痛いから休ませてほしい」とネをあげてきた。胃下垂ではなく胃上昇ともいうべき症状を呈したのである。それだけY大尉は巨大であったし、同時にテクニシャンなのであった。

昭和二十年十一月一日現在、警視庁の資料によると、肉体サービスを行っていた占領軍用ゲイシャ・ガールは約千三百人に達し、そのうち三百三十人がリバー・サイドの向島芸者であった。いかに向島が繁昌したかの証明になるが、それでも、そのころの芸者たちの間には、占領軍相手の売春を嫌悪する気風は強かった。芸が少しでもできる連中は〝プライドを傷つける〟と拒否したりして、予定の人数が足りなくなると、業者は大倉別邸専属のダンサーをくどいた。「お金になるのね」と念をおして、ダンサー連はドライに割切って、すぐOKだった。このインスタント芸者が「オー・ゲイシャ・ワンダフル」と歓迎されたりしたのだから、いい加減なものだった。

芸妓屋・待合の再開を指令

芸者の需要が増え、補給に追われる状態をみて、警視庁では経済警察部長名で十月十四日、管下各署に「待合、芸妓屋営業の取扱いに関する件」という通達を発した。戦争のために、休業を命じた待合・芸妓屋の営業を再開させるのが目的であった。

標記営業者は昨年三月高級享楽停止の非常措置に依り引続き休業せしめ置きたるも今般終戦後における臨時措置として現行法令に拘らず左記により休業を解除し復活営業を為さしむることと致し候条指導取締の適切を期せらるべし。

記　――休業解除要項――

一、地域は従来の指定区域内に限ること。
二、右区域内において従来営業を為したる者にして其の業を再開せんとするものは所轄警察署長への届出に依り営業を開始し得ること。
三、客は内外人たるを問わず均しくその需要に応ずること。
四、歌舞音曲は之を為すも差支えなきも近隣の迷惑ならざる様注意すること。
五、客室に於ける芸妓の衣裳は日本晴衣も支障なきも、路上に於ては「モンペ」を穿く等婦人の身嗜あるべきこと。
六、他の同格以上の花街に於て営業を為したる者にして当該組合に加入せんとするものあるときは特別の事情なき限り其の加入を許すこと。
七、警視庁及び警察署は営業に要する物資の斡旋は之を為し能はざること。
八、現在他の業態に転業しつつあるものは当分の間其の侭となし置くこと。（原文のまま）

大変、興味深い通達である。同部ではこの通達により約二十日前に「慰安婦等の求人方の注意」を発している一方、ここでは積極的に芸者募集を支援しているのである。㈥などはあきらかに、各花街のセクト主義に対して救済の手をさしのべたものといえよう。㈢は前に述べたように、外人はいやだという芸者に対するものであったろう。しかも、㈣㈤は食うや食わずの社会状勢にある敗戦直後の国民感情を老慮した〝親心〟であった。特に㈦に至っては、決りきったことであって、それをいまさら改めて通達するというのは、通達を必要とする現実があったとみられるわけである。

このことから、神崎清氏がその著『売春』で、

殺到してくる米兵にとりまかれた芸者は悲鳴をあげ、見番の階段の柱にしがみついて抵抗した。警察署長が唐人お吉の例をひき、彼女たちの国家的使命の重大性について声涙ともにくだる演説をし、かろうじて寝室へ追い込むことに成功した。あきらかに米軍と警察権力は芸者のからだを一個の調達物資とみなして、性的ドレイ労働を強制したものといわなくてはならぬ……。

と述べている意味がよくわかるのである。

〝据え膳くわぬ賓客たち〟

敗戦の混乱の中に狂い咲いたR・A・Aの施設には、いろいろな賓客がやってきた。世田谷区若林町にあった高級将校専用の接待所にはマ元帥を除く全将官が顔をみせたといわれている。テレくさそうにやってくるものも、勇躍して孫娘のような若い女性と戯むれるもの、本国から夫人が到着すると同時にぴたり接待所から足を遠のけたゼネラル……千差万別であった。

同時に、ここに選ばれた女たちも、各種取そろえてあった。英会話に堪能で社交上手という元重役夫人（軍需工場壊滅で夫は失業）、ベット・ワークは無類といわれた元看護婦、勤労動員中戦災で一家全滅して孤児となった美貌の女学生――超グラマーがいるかと思えば、純日本風の美人、色気みなぎる年増もいれば、ベビー・ドールの魅力もある――といった具合であった。

ゼネラルたちは接待所で満足して帰るのが常であったが、果してそれが占領政策に好影響を与えたか疑問であった。最もきびしい賠償案といわれたポーレー氏とその賠償使節団の場合も同じである。

昭和二十年十一月一日。千葉県市川市の料亭「蓬莱鶴《ほうらいかく》」では、その夜迎える大事なお客の準備のため、従業員はテンヤワンヤだった。馴染《なじみ》客もすべてシャット・アウトという熱の入れ方に、何も知らないできた客はカンカンになって帰っていった。馴染客を大切にする水商売なのに、常連を怒らせてまで迎える大事な客とは……それがポーレー使節団の一行であった。

『百億円の売春市場』はそのイキサツをこう説明している。ところはR・A・A本部、外務省の役人と協会幹部の間に相談がはじまっていた――。

ポーレー氏が団長だから、ぜひともポーレー接待に重点をおかなければならん。では選抜組をつくりましょう。

美人を揃えてやれ。それに英語も出来る、おとなしい子だな。うん、頭の悪いのは困るよ。

特別に接待班を編成します。

そうしてくれ。とにかく絶対に恥かしくないものにして……いずれにしてもポーレー使節団の報告で、日本の賠償金は増えもすりゃあ、減りもする。ポーレーさんのひと言で賠償は重くも軽くもなるといって言い過ぎではない。八千万国民の負担がたとえ一円でも安くなるように、われわれとしては努力しなければならないのだ。

R・A・Aとしては最善の接待をしますよ。ポーレーさんを確実に満足させるプランでいきましょう。

こうして編成された特別接待班は、各ダンスホールのナンバー・ワン級十人と、各料理店から選り抜きの和服姿の五人、計十五人の美女たちであった。

ポーレー使節団たちは、もちろん、お忍びだった。一行は五人だけだから、一人について三人の美女が侍《はべ》ったことになる。当のポーレーは、外務省筋の内意で、あらかじめ接待の内容を知っていたから、宮沢理事長ら協会幹部のいんぎんなあいさつをきいただけでサッサと姿を消した。あとの四人はそれから選抜された美人の濃厚なサービスを満喫したのであった。

酔いがいくらかまわったところで、電蓄から「お江戸日本橋」のメロディが流れはじめた。この曲はアメリカのローカル局で、朝晩のコールに使ったほどで、当時、東京のアメリカ人の間では代表的な日本調のメロディとされていたのである。

さて、このメロディとともにあらわれたのが和服の美女たちである。踊りながら碧《あお》い眼のお客さんたちに艶然と流し目を送り、次第に着物を脱ぎはじめた。さすが、全裸をみせるところまではいかなかったが、襦袢の前をはだけながら、雪の肌をちらちらさせる趣向には、四人が四人とも碧い眼を白黒（？）させて悦に入ったという。

後年、ストリップ・ブームが全国を風靡し、トウキョウの官能的《センジュアル》な夜が外国の好事家たちの人気を呼んだが、これをもって、戦後第一号というべきであろう。ともあれ、彼らはストリップを満喫したためか、使節団という職責を考えてか、女たちとベッドを共にすることなく帰っていった。〝据膳〟を食わぬというのは、R・A・Aの歴史の中では珍しいことであったのだが……。

〝据え膳〟を食わなかった話のついでに、もう一つのエピソードを書きとめておこう。

話は昭和二十年八月二十五日か六日。帝国ホテルでダンスパーティが行われた。出席者は報道関係者五十人ばかり。戦争直後のことで、ダンスが出来、客扱いもうまい芸者という注文に業者たちは苦労した。幸い、客は紳士揃いだったから、パーティもスムースに運び、おひらきとなった。

しかし、「芸者は帰してはならん」という命令が出たため、女たちはロビーの片隅に集って、いよいよ肉体の提供かと、不安におそれおののいていた。幹部たちはいまにも泣き出しそうな芸者をなだめたりすかしたりして待っていたが、いつまで経っても次の命令が来ない。そうなると、不安はつのるばかりだ。

いよいよ誰かが叫び出そうというまさにその瞬間「お客さまは全員お帰りになったから解散してよろしい」と連絡があった。

さすが戦勝国のジャーナリストたちだと感心しながら散会したが「あのときの女の子たちのホッとした表情はいまも忘れられない」と山下茂氏はいっている。

セックス防波堤あやうし

昭和のお吉たち

貞操の防波堤となったお吉たちのその後の生活ぶりはどうであったろうか。赤い舌なめずりをしている黒人兵が恐ろしいと柱にしがみついていたり（「小町園」、吉原）、押入れに逃げ込んだのはよかったが、頭だけフトンの中に突込みお尻はまる出しの女があったり（亀戸）、最初の一人を相手にしただけで失神して使いものにならなかった（「小町園」）というような現象は次第に減っていった。R・A・Aとしては、占領軍の兵隊を迎えた直後、性的技術の下手な募集上りを、日本人相手の公娼地区に送り込み、交替にその道のベテランを連れてきた、といった手を打ったりしたが、何より、女たちが占領軍の兵隊に馴れたことが、営業をスムースにしたといえよう。

また、国民性もあって占領軍の兵隊たちは女性に親切であった。サービスが悪いといってピストルをつきつけて暴れ回ったり、帰り際に事務室によって、玉代をかっぱらって行く手合いもあることはあったが、女たちは概して親切なベッドマナーに満足するものが多かった。〝犠牲〟の苦しみから〝性の歓楽〟へと移行していったのである。嬌声をあげて兵隊を迎えれば、タバコ・チュウインガム・ナイロン靴下……などを貰えることも知って、女たちは慰安所独特の嬌声をマスターしていった。N子などは、送り出した兵隊の肩をポンと叩いて「ほんとにお前はスケベイのバカヤロウだよ」と笑ってみせた。すると、相手は「サンキュウ」と手を振ってうれしそうに帰って行く始末だった。

いまとなっては、彼女たちから、当時の生活の模様などを直接聞き出すことはできないが、関係者の話から、おおよそのことは知ることができる。次に報ずる五つのケースは、そういう話からまとめた代表的な例であるから、登場人物はもちろん仮名である。

《第一話》アメリカ兵に暴行され、悪質ブローカーにだまされた十六歳の少女の話――

松子が入れられた大森の慰安所は、高い塀に囲まれていた。旅館を改装して細かく間仕切りされ、ベッド一つ、イス二つ、テーブル一つがつめ込まれた部屋が三十幾つもあり、松子もその一つがあてがわれた。それが居間兼寝室だったのだが、松子にとっては檻《おり》と同じであった。

松子が入ったその晩から、ケモノのような兵隊が、松子の家にやってきた。全裸でベッドに上ってきた。彼ら独特の体臭が胸につかえ、焼け火箸を押込まれるような衝撃に気を失うほどだった。異性を愛することも覚えぬうちに、夜の焼け跡で暴力によって初めてのセックスを経験させられた十六才の少女にとっては、それはただ嫌悪と苦痛の記憶しかなかったからである。

ある夜、松子が占領軍の兵隊に暴行されたことを知った女体ブローカーが、松子の家にやってきた。

「大変お気の毒です。しかし、近所の噂もうるさいでしょうし、何でしたら宿舎・衣服・食事付の職場を知っていますから、そこを紹介します。お国のためにと思って働いて下さい」。甘い言葉に釣られてきたところが、ここだったのである。

松子は、逃げ出すチャンスをねらっていた。間もなく、仲間から「姐さん」と呼ばれる女と親しくなり、それとなくきいてみた。その答えは「無駄だよ。裏の海に飛込んだ女学生がいたけど、ひっつかまって、顔に焼きごてを当てられた。やめた方がいいよ」

顔に焼きごてを当てられても、と考えているうち、松子自身思わぬ変化に気付きはじめた。あれほど苦痛だったセックスが、次第に苦しくなくなってきたのである。乱暴なものもいたが、小柄で肉のしまっている松子には、優しく接してくれる兵隊の方が多かったからである。

ある日の夕方、男前で日本語がいくらかできる兵隊がやってきた。「カモン!」ベッドから松子が呼びかけても、その兵隊は何ともいえぬ顔をしているだけで、服を脱ごうともしなかった。そして「アナタ、トシ、イクツデスカ?」ときいた。「十八才」松子は教えられた通り答えた。兵隊は黙ってかぶりを振った。「実際は十六」松子はやむなく本当の年をいった。が、それでも信用しなかった。

「ニッポンノ政府ハ、インチキデスネ……アナタ、八ツカ九ツデショ」ポケットから金を出し、テーブルの上に置くと、くるりと高い背を後ろにみせて、立去って行った。

また、ある日、玄関で女ともつれ合っている兵隊をみて、松子はぎょっとした。

「あいつだ!」

その兵隊の前に立ちはだかった松子は、顔をにらみつけながら、叫んだ。

「ユーはミーを知っているだろうッ」

兵隊はケゲンそうな顔をした。その相手の女、ベティも驚いた表情をしていた。

「なにイチャモンつけてんのさ」

「こいつだよオ。あたいをめちゃめちゃにした奴は!」

ベティはとたんに兵隊にベラベラしゃべり出した。「ノー」。兵隊は松子を横目でみながら答えた。

それでも、ベティはまくしたてた。「こんな年端もゆかない娘をめちゃめちゃにしやがって…。お前はケダモノだ。バカヤロー」といったことを、叫び続けていたのである。ベティも占領軍の兵隊に犯されたため離縁された人妻だったので、松子の悲しみがよくわかったのであろう。

せっかくの情事の楽しみをふいにした兵隊は、はじめはとまどった顔つきだったが、やがて、猛烈な勢いでベティを突飛ばし、武者ぶりつく松子を横手で張って二間もはねとばして逃げていった。

その後ろ姿に、ベティは悲鳴のような叫び声を浴せかけた。「気違い。二度と来やがるなッ」。松子は、こんどその兵隊がきたら、本当に殺してやろうと思い続けた。

だらだらした生活が、それからも続いた。セックスの苦痛が快楽に変わるころ、十六才の幼い売春婦も、他の同僚と同じように、靴下や下着をもらうのが楽しみで働くようになっていた。

しかし、昭和二十年十二月二十三日、クリスマス前に、一斉検診したところ梅毒にかかっていることを宣告されたのである。

《第二話》寄宿舎完備、高給優遇の話につられた女学生の告白――

もう間もなくお正月がくる。大宮市の母からは、お金を送れ、お金を送れといってくる。私は進駐軍の事務所に勤めているといってあるけれど、女の事務員がそんなにお金をとれるとでも思っているのだろうか。

この間、一日家に帰ったら角の八百屋のおばさんが、あたしの顔をみながらいった。

「和子さん、進駐軍に勤めているんだって？忙しくて大変だろうねエ……」

「ええ……」

「宿舎も完備しているんだってね。やっぱりアメちゃんのやることたアそつはないね。それでご飯なんかも、あちらさんで支度してくれるの……」

「ええ、全部……」

あたしは、もうそれ以上八百屋のおばさんと話してはいられなかった。逃げるように立去った。あたしはやっぱり悪いことをしているのだろうか？　誰にも迷惑をかけていないのに、恥かしさでいっぱいだった。

あたしは、あたしをこんなにした宿命にツバをかけたい。その悲運は空襲で始まった。四谷の家が焼けてから、母と弟と三人で、埼玉県大宮市に引込んだのだが、やっと借りられたのは物置を改造したバラックだった。

戦争が終わると、窮屈なバラック暮しに、あたしは堪えられなくなっていた。「もっと、手足を伸ばして寝たい。あたしは若いんだ」。ある日、あたしは同級生の幸子さんをたずねて上京した。彼女の家は焼けていなかったし、間数もたくさんあった。

だが、目論見は無残にもはずれた。広い家は親戚が四世帯も同居して身動きならなかった。ガックリ、歩く気力もなく空腹をかかえて歩いているとき「貸し間お世話します」の貼り紙が見えたのであった。焼野原で仏に会ったような嬉しさだったが、それがあたしの運命を狂わせる〝悪魔のささやき〟であることは制服の処女の知る由もなかった。

ドキドキする胸をおさえて、何のためらいもなく、その家の戸を叩いた。

「そりゃあ、お困りですねエ。でも弱りましたな。この貸間は女の人を一人だけというのが条件なんですよ。女性の独身アパートなんです」

五十がらみの男はしたり顔にいった。

「じゃ、あたしひとりならいいんですね、母や弟と別居してもいいんです……」

あたしは、夢中ですがりつくようにいった。

「それじゃね、お嬢さん、こうしたらいい。いまある進駐軍関係の会社で女の人を募集しているんですよ。寄宿舎もあるし、給料もいいらしい。わたくしが紹介してあげましょう」

わたしは二つ返事で承知してしまった。

翌日、紹介された男の家に行くと、その男はこういった。

「仕事というのはね、アメリカの兵隊とダンスや話をしてくれればよい。遠い日本へ来た彼らは、寂しがっているんでね」

「それじゃ、女給かダンサーじゃありませんか」

あたしは不安を目に出した。

会社だというのに普通の家であるのにも疑問が湧いていたからだ。

男は大口をあいて笑いとばした。「アメさんはね、紳士ですよ。だから、戦争に勝ったんだ」。そういいながら、支度金二百円を差出した。終戦直後の二百円といえば、大会社の課長さんでも一ヵ月分としてもらっているかどうか、という大金だった。あたしは疑ったことを恥じるような気持ちになった。

この二百円が、母と弟が物置きのバラックから金物屋の二階に引越すのに役立ったのが、せめてもの慰めだろうか。

つれていかれたところは福生だった。料理屋を直したような家だったが、もう十人近い女のひとが入っていて、いぶかし気なあたしをみるとこういった。

「バカだよ。女学生のくせにさあ。ここは慰安所なんだよ。遊廓なんだよ」

みるみるあたしは目の前が真暗になった。でも、もう遅かった。お金を返すあてもあるはずはない。カビ臭い畳に顔を伏せると涙があとからあとから出て畳をぬらした。

「考えこんでも仕方がないよ。すぐ馴れるさ。お金にもなるしさ」

さっきの女が、あたしの肩を優しく撫でながらいうのを、ボンヤリと聞いた。

こうして、あたしは慰安婦になってしまった。東京でも西のはずれ、福生の慰安所にいるあたしを母は進駐軍の事務所に働いていると信じている。あたしはそういう母を、どこまでもそう思込ませておくつもりだ。働けない母と小学校に入ったばかりの弟とを、あたしの肉体だけで養ってゆくために、運命の糸がひっぱってくれたいまの生活のほかに、どこにどんな仕事があったのだろうか。これもあたしの運命だと、いまはあきらめているのだが……。

《第三話》戦争でおちぶれた元外務省高官の娘——

わたしが慰安婦になったのはあの広告文をみてからだった。

「女子事務員募集。宿舎、被服、食料全部当方支給」

それは戦争が終って間もない、とある日の、銀座の街角だった。職を失い、家を失って、浮浪者に近い生活をしていたわたくしにとっては、天与の福音だった。

わたしの父は、外務省の高官だった。戦争中、何一つ不自由ない生活を送っていたが、両親はわたしの意志もきかず、結婚の相手を決めてしまったことから、わたしは家出してしまったのだ。

クラスメートといっしょに動員されていた軍需工場に住込んだから、さし当っては困らなかった。

しかし、戦争が終ったとたん、軍需工場は不要な人員を一斉解雇した。わたしもその一人だった。途方に暮れたけど、いまさら、のめのめと家には帰れない。やむなく公園のベンチや地下道で浮浪生活をしているとき、あの広告をみたので前後の見境いもなく飛込んでいった。

「小町園」に送り込まれたときは、三十人の仲間と一緒だった。直っ先に、風呂に入らされたが、出るわ出るわ、垢がよじれるほど落ちた。すっかり、きれいになったという喜びが、女らしい気持をひきたて、誰もが浮々した気分だった。

「ねエ、アメリカの兵隊って、ゲーリー・クーパーみたいな男だといいなア。そしたら、うんとサービスしちゃうんだけど……」

突然、十七、八才の娘が大きな声をあげた。

「その意気、その意気。めそめそしてたんじゃ駄目よ」

わたしは、自分の気持ちを引立てるように返事してやった。でも、わたしは〝サービス〟ってどうすることであるかも知らなかったのである。

間もなく、教育係と称する婆さんがやってきた。いわゆる「やりて婆ア」であることは、いまでは知っているが、そのとき、その教育係が話した〝教育〟の内容には息もつまる思いだった。顔が赤くなり胸がドキドキして、ノドがカラカラにかわいたことを、はっきりと覚えている。婆さんの話は次のようなものだった。

――男のサイズが大き過ぎて苦しかったら、下腹にタオルか着物のはしをはさんでおくといいとか、ゴム製品の使い方、洗滌の仕方、どういう要領でやれば相手が満足して自分は疲れないか……

アメリカ兵がやってきたのは、その翌日であった。

「ヘーイ、ゲイシャ・ガール！」

兵隊たちは口々に叫びながら、廊下を靴のまま駆上ってきた。わたしは思わずふるえてしまった。

部屋は改造が間に合わず、広間をついたてで仕切った割り部屋だった。フトンもなく毛の抜けた軍隊毛布が敷いてあるだけ。わたしたちはみんな控え室に集って、やりて婆さんに呼び出されると、割り部屋に行く仕組みだった。

ひとりひとり、名前を呼ばれるたびに、みんな真ッ青な顔をして、ふるえながら出て行った。それをはげますように、やりて婆さんは「大丈夫よ。アメちゃんは女にはおとなしいんだから」と背中を押出した。

そんな様子をみているうちに、わたしは覚悟はしていたものの、知らず知らずに、熱い涙がこみ上げてくるのだった。こんなところで、女のいのち、処女を捨てるのだろうか……。

五人目に、ついにわたしの名が呼ばれた。フラフラッと立ち上がり、割り部屋に入って行くと、待ちうけていた兵隊は大手をひろげて、ケダモノのように突進してきた。わたくしの二倍もある大男で、青い目がギラギラ光り、下品な人相の男だった。

本能的に身をさけると、毛むくじゃらの太い腕で乱暴に引き寄せられ、息もつけないほど抱きしめられ、畳の上にねじ伏せられた。血が全身に逆流した。そして、悔恨と絶望の渦巻き……。

その後の記憶はまったくない。気を失ってしまったのだった。やがて、灼きつくような痛みに、気がついてみると、下腹部が血まみれだった。裂傷を負わされているのだった。

わたしは、何も知らなくてよかったと思う気持ちと、自分自身をめちゃめちゃにした瞬間を冷酷にみつめていたかったという感情とが交錯して、その日と翌日は床についたままだった。

そして、さらにその翌日、わたしはまた割り部屋に出された。傷はまだ癒っていなかったが、その日は、無慮無数の兵隊がやってきて、小町園のまわりをジープで取囲んだからであった。

兵隊の数は、日増しにふえる一方だった。一人が一日四十人平均、ひどいときは六十人近くも相手にされた。そうなると、わたしたちは、ゲーリー・クーパーだとかクラーク・ゲーブルだとかという気持の余裕など、まったくなくなってしまった。ただ仰向けになって寝ていると、裸になって順番を待っている兵隊がおいかぶさってきて……次の兵隊が……という繰返しであった。ひどい奴は、ウイスキーの空ビンを股の中に突込んだりするのである。

背中も腰もしびれて棒になり、ちょうど枕木に寝て、急行列車が眼の前を過ぎるのをみるように、男たちを送り迎えしたのであった。わたしは体の芯まで、青臭くなる嫌悪感に毎日食事もノドに通らぬ日日を過したのであった。

《第四話》ふとした夫の過ちから慰安婦になった警察官の妻――

三鷹にR・A・A直営のキャバレー「ニュー・キャッスル」が開店したのは昭和二十年十月だったが、その直後の出来事。

同キャバレーの近くの交番に、S巡査が立番勤務についていた。昼すこし過ぎ、ダンサーらしい女一人をジープに乗せた三人のアメリカ兵がS巡査の前で車を急停車させた。バラバラッとS巡査を取囲むと兵隊たちは、息せききって尋ねた。

「ホテルはないか」

「近くにはない」

「ではお前の家に案内しろ」

いきなり、ピストルをS巡査の横腹につきつけた。とっさの機転で、警察の寮にいるとでもいえばよかったのだが、実直なS巡査は、仕方がないとあきらめて、自分の家に連れていったのが失敗のもとだった。

ふるえている女房・子供をなだめて、兵隊のいうなりに座敷にふとんを敷いた。それをみて、女はS巡査に訴えた。「わたしはダンサーです。慰安婦じゃありません。だまされて連れられて来たんです。助けて下さい」。しかし、ピストルを向けられたS巡査は、隣室に追いやられ、部屋の隅で小さくなって親子三人で抱き合っているだけだった。

「いや、いや、いやッ。お巡りさん。助けてェーッ!」

鋭い悲鳴に、S巡査は胸をえぐられる思いだった。しかし、手も足も出なかった。

やがて、兵隊たちは、ホテル代のつもりなのだろうか、外国タバコを一箱置いて立去っていった。

妻は玄関の戸が閉るや否や夫をなじった。「あなたは警察官じゃないの。なぜ家はないといわなかったの。家に連れてくれば、ああなることは、はじめからわかっていたじゃありませんか」。S巡査は二度とこんなヘマはやらないと誓って、その場は納った。

しかし、人生には一度の失敗が、二度三度の過ちを呼び、取返しがつかなくなることがよくある。S巡査の場合もそうだったに違いないのだ。そして、その二度目の失敗は、最初の事件から二、三日後、やはり昼下りのことであった。ダンサーらしい女が、兵隊を連れてきて、留守番をしていた妻に話しかけてきたのである。

「おばさん、部屋を貸してよ。二時間でいいのよ」

S巡査の妻君は、ビックリして断わった。

「うちは部屋なんか貸していません」

「あら、この間、ほかの人に貸したっていうじゃないの。手間はとらせないから……ねエ、頼むわ」

女はさっさとひとり決めして上がり込んだ。兵隊から金を受取ると、その中から十円札一枚に外国タバコを添えて、差出した。その間、息をつく間もない出来事だった。それでも、この間、あんな嫌な思いもしたし、夫とも固い約束をした手前、断わろうと思って、女の相手をみた。断っても、どうということはなかったのだろうが、あいにく、これが雲をつくような大男だった。断わったらどんな乱暴をされるかわからないとの恐怖から、とうとう部屋を貸してしまった。

やがて、兵隊仲間やダンサーたちの間に「部屋を気軽に借りられる家」ということで有名になってしまった。利用者は、毎日、入れ替り立ち替りやってきた。はじめのうちは、恐ろしさといやらしさ、それに警察官の妻としての自覚から気が進まなかったが、次第に現ナマと、当時珍しかった外国製品の魅力に惹かれ出した。そうなると、喜んで部屋を貸して、少しでも稼ごうと欲の皮をつっぱり出したのである。

もちろん、夫には内密だった。だが「ジープのよく止っている家」の噂は、たちまち広がった。夫の上司にも知れ、クビになってしまった。そうなると、貸間業に一層本腰を入れるようになり、失業中の夫には、兵隊が置いていったタバコ・石鹸などのヤミ売りをさせていた。

小金もたまった。タケノコで、やっとスイトンを食べているような時代だったが、生活の苦労もなく、ヤミで買ったお召などを着た妻は、めっきり美しくなった。それを目当てに通ってくる兵隊もあらわれ、すっかり得意であった。お手のものの外国製化粧品も、自分の金を出すのではないから浴びるくらい全身にぬりたくった。「鼻持ちならない」と、近所では評判が悪かったが、性に飢えた兵隊たちには、プロであるR・A・Aの女よりも魅力があるらしく、ただ何とはなく、通ってくる者が、蜜に集る蜂のようであった。

そんなある日､欲情に血が逆流した若い兵隊が､ピストルをつきつけて乱暴を働いた。抗らうことは抗らったが、妻の心のどこかには、ヤミ行商人になり下った夫以外の男性に、もててみたい、抱かれてみたいという欲望が潜んでいたから、肉体が相手の熱情に応えていった。兵隊はすっかり満足して帰ったのはよかったが、キャンプで自慢したからたまらない。女を連込んで部屋代を払うより、タダで商売女らしくない女を抱いた方がいいと、と幾人も幾人も、ジープで乗りつけてきた。

しばらくの間、性の歓喜に酔っていた妻は、食傷したところで、このままでは売上げ金がゼロであることが心配になり出した。「いっそ、わたしがお金をとって……」と､プロになるには､あまり時間はかからなかった。金は再び儲かり出した。

だが、いつまでも夫に知られぬわけはない。めっきり艶っぽさを増した妻に不審を抱いた夫は、気を配っていて、兵隊の足に足をからませている妻を捕えた。「ちェッ。ヤミ屋のくせに何さ」。捨てゼリフを残した妻は、ためらうことなく、慰安所に飛込んでいった。肉体の満足と金銭欲――つまり色欲二筋道を突ッ走ったのである。

Sは心の荷を下ろしたような気がしたが、そのうち、にっちもさっちも行かなくなった。五つになる坊やは、母を恋しがっては泣き、寂しがっては父のそばを離れないのである。こどもを背負ってはヤミ屋稼業は成り立たない。

精も根も尽き果てて慰安所を捜し歩いた。巡査の訓練が、そんなとき、ものをいうのも悲しかったが、ともかくも捜し出した。そして、驚ろいた。

三月前、あれほどみずみずしかった妻が、見るも無残に蒼白い顔に乾いた唇で笑いかけるではないか。「天罰テキ面ね。悪い病気にかかっているのよ。もう家にも帰れないわ。坊やに許してもらってね」

泣くより、空しい笑いであった。

《第五話》慰安婦からパンパンになったＹ子の告白——

「小町園」の料金はショートで百円、オールナイトが三百円だった。一ドルが十五円ぐらいだったころなので、兵隊にとっても、この玉代はベラ棒に高かった。それでも、戦地帰りは一斉に突撃してきた。

だから、Ｒ・Ａ・Ａは儲かって儲かって仕方がなかったろう。おまけにあたしたちは、歩合制をとっていなかったのだ。協会の偉い人たちは「国策的事業だから政府から融資をうけたのだ。そのため営利的なピンハネはできない仕組みになっている」と説明するが、部屋代・食費・配給される衣料費・日用雑貨・化粧品——これだけ引かれて、残りは小遣いなのだが、その大半は〝つまみ食い〟に消えてしまう。一日に四十人もの相手をさせられては、あてがい扶持の食事や、〝労務者〟用特配の黒っぽい餅だけでは、とても間に合わない。

同時に、働けば働くほど病気やケガをする率も高くなるが、その場合も、費用は一切自分負担で、お金は残るどころの段ではなかった。勢い、兵隊と馴染みになって、タバコや化粧品を手に入れて、売ったお金を小遣いにした。中には、オンリーになって、やめて行く人もあった。顔触れも僅かのうちに、ずい分変わった。初め三十人だったのが、その後、毎日のように十人、二十人と「後続部隊」がきて、八月の終りごろ（二十年）には百人ほどになった。

兵隊たちは増える一方なのに、女たちは、〝素人〟ばかりで、さっぱり能率があがらなかった。のみならず、待っている間に興奮した兵隊は、あたしたちを乱暴に扱うので、ケガを負わされることも多かった。そのうち、協会でもこれじゃダメだということが、わかったようだ。向島あたりから玄人を送り込んで、素人上りと交代させせた。あたしは素人上りなのに「根性がいい」ということで、ずっと慰安所に残された。

忘れもしないのは二一年三月二七日のことだった。昼ごろ目をさますと、突然、全員集まれという。いったい何が始まったんだろう、がやがやとしゃべり合っているうち顔をこわばらせた所長が姿をみせた。

ＧＨＱの指令で、今日限り、ただいまから慰安所は一切オフ・リミットになったから、皆さんは適当に職を捜して立退いてもらいたい。皆さんの犠牲で、多くの一般婦女子の純潔が護られたことは歴史的事実であって、その努力に対しては必ず後世の人たちによって報いられるに違いない。心から感謝する。どうか国のために尽したということを誇りと慰めに、お別れしてほしい……。

寝耳に水とはこのことをいうのだろうか。にわかに信ずることはできなかった。「そんな勝手なことってあるもんかい」「もとのサイズにして返せ！」「退職金をよこせ、退職金！」。蜂の巣をつついたような騒ぎになった。その中であたしと仲良しのマリは、相談をはじめた。「そんなことなら、さっさと出ちまおうよ。またアメ公が来て、ただでやられちゃつまんないからさ」。そのまま、二人は「小町園」を出た。下着類の入った風呂敷三つに雑嚢一つ、それがあたしたち二人の〝貞操の代償〟のすべてであった。

駅の方に歩いて行くと、三人連れの女たちとすれ違った。白い目であたしたちを眺めながら「あれ慰安婦よ、進駐軍相手の……」とささやく声が耳に入った。瞬間、あたしの手はその女の子の頬に鳴っていた。「何をするのよ、気狂い！」。悲鳴をあげて逃げて行くのを見送って、あたしたちはボロボロ泣いた。手ひどい〝退職金〟であった。

新宿に出て、あたしはヒロポンを打った。まだヒロポンが珍しいころだったが、マリが教えてくれたのだ。ハイヒールを売りとばした金がポン代にもなり、マリとの夕食代にもなった。あたしたちは、その夜から稼がなくてはならなかった。「仕方がないねエ。もう堅気にはなれないし、体で稼ぐよりしょうがないよね……」。そして、その夜からあたしたちは兵隊相手の街娼になった。

いわゆる街娼が〝パンパン〟と呼ばれ出したのは、それから少したってからだったから、そのはしりはおそらくあたしたちR・A・Aの卒業生ではなかったろうか。当時のパンパンの大部分は、あたし同様、R・A・Aの〝卒業生〟が占めていたと想像して、まず間違いないと思う。間もなく行われた最初のパンパン狩りにひっかかって捕ったが、あたしにとって、もはや自分の肉体を元手にした生き方以外に、何があり、何ができるというのだろうか。

防波堤を越える性の怒濤

役割はたした性の防波堤

R・A・Aが旗印にかかげた性の防波堤は、果して効果を挙げたか。もし、効果を挙げなかったとすれば、募集した素人娘たちを、性のイケニエにしたに過ぎないことになる。

「需要と供給のバランスを考えてみると、よくわかる。R・A・A施設が短期間に急増したことは、それだけ進駐軍兵士の間にはげしい要求があったからだ。行列を作ってまで、押寄せてきた兵隊たちに、施設がなかったら、どんな結果になったかは明白だ。慰安所や接待所の、〝直接サービス〟、キャバレーやビヤホールの〝ムード・サービス〟が、性の防波堤の役割りを果したというのはおろか、国を護ったといまでも確信している。」と、R・A・A元副理事長大竹広吉氏は語っている。

大竹氏はさらに、このため婦女暴行事件はまったく起らなかったといっているが、それは事実とちがう。当時は占領軍人の非行など一切報道を禁止されていたため、一般にはあまり知られていなかったが、かなりあるにはあったのである。「雲をつくような大男がいきなり押倒し……」とか「六尺豊かな怪漢がピストルをつきつけ……」といった当時の新聞報道は、まず占領軍犯罪だと見ていい。警視庁で特に占領軍関係の事故に備えて警備本部を作っていることからも、その実情がわかろうというものだ。ここでは毎月の事故報告書を作っており、いま同庁に残っている昭和二〇年一一月の報告書をみても、都内に婦女暴行・強窃盗・オドシ・タカリなどの合計は五百五十四件も発生したことになっている。まさに、暴威ともいうべきものだが、これについて、当時、渉外関係を担当していたある幹部は、次のように語っている。

R・A・Aを作らせたわれわれだが、それが完全な防波堤であるとは、最初から考えていなかった。どこかで、堤防を越えてくる荒波があると予想していた。だから、占領軍の進駐と同時に警備本部を設け、各警察にも特令を出して、各種事故の防止に懸命の努力を払った。進駐軍でもMPを総動員して警戒に当るなど、事故防止に協力してくれた。当初は向うでも緊張しており、事故は殆んどなかったが、英・

豪・ソ・中といった連合国の軍隊が、続々と進駐してくるにつれて、かなりの事故が起りはじめた。それにしても、あの混乱の時期に、あの程度の事故で済んだことは、むしろ幸運だったとも思っている。つまり、防波堤は防波堤の役割りを果したことは認めているというのである。では、防波堤を越えた荒波とは、どんなものであったろうか。ここで、前記事故報告書の中から特異事例を詳報してみよう。

◇一一月一日午後七時ごろ、米兵一人はピストルを持ち赤坂檜町の某氏宅を襲い、婦女三人に姦淫行為を要求、また付近の五家庭でも同様に婦女子にワイセツないたずらをしたうえ、ウイスキーをがぶ飲みして逃げた。

◇同夜一一時半ごろ、米兵三人は四谷署管内の休止中の某交番に住んでいた某巡査方に押入った。表戸のガラスを石で割り、ピストルで三人の子供と就寝中の妻（三四）をおどかして、かわるがわる乱暴を働き、衣類数点を奪った。

被害者が交番に寝泊りしている現職警官の妻であったことが四谷署の刑事たちを激昂させた。「よし、たとえ占領中であっても、日本の警察の威信にかけてもホシは必ず挙げてみせる」。刑事たちはMPの協力を求めるため、早速、現場に遺留されていた軍帽をもって、麻布の三連隊跡に駐屯していたMP七〇二部隊を訪れた。事情をきいた隊長は「難しい」とたったひと言、木で鼻をくくったような返事だった。

四谷署の刑事たちは、ますます怒った。「よろしい。これだけ立派な物的証拠があっても、捜査できない

ＭＰなら、もう相手にしない。われわれは、自分たちの手で草の根をわけても捕えてみせる。捕えた後のことは政府が決めるにしても、われわれは命を賭けても必ずとらえる」。強硬な態度でケツをまくった刑事たちに、ＭＰ隊長は度胆をぬかれた。脅かすことにはなれても、脅されるのは日本に来てはじめてであったろう。「よくわかった。ＭＰにも名誉がある。日本の警察に捕ったとあっては、面目丸つぶれだ。五時間以内に捕えてみせることを約束しよう」。

こんどは刑事連が驚いた。怒りのままに、ケツをまくってはみせたものの、日本の警察に占領軍軍人の逮捕権のないことは百も承知だし、「じゃあ、勝手にしろ」といわれたら、国際問題としてお手あげであることを知っていたからだ。それにしても、五時間とは超スピードではないか。

驚きはそれだけではなかった。「犯人を逮捕した」と通告があったのは、憲兵隊を出て、たった三時間後だったのである。刑事たちは、男泣きに泣いた。こうして、四谷署の某巡査夫人暴行事件は、刑事たちの勇気がスピード解決をもたらした。例え、捕えた後の処分が、例によっての、いい加減なものであるにしても……。

しかし、凶悪犯罪は増える一方だった。敗戦の虚脱と、飢えと、連日連夜の停電の中に、「アメ公がピストルを乱射して押込み、母娘四人を犯したそうだ」「抵抗する夫をなぐり倒ししばり上げて、目の前で妻をもてあそんだ」……など、暗い噂が、口から耳、耳から口へと伝わり広がっていった。

一一月の報告書をさらに続けよう。

◇　一一月四日午後一時ごろ、府中署の某交番に米兵二人が乱入。ピストルでおどして二巡査の刀剣を強奪。

◇　同夜六時半ごろ、川崎市に住むいずれも二〇才の女性二人は、同市内で黒人兵運転の自動車に乗せられ、東京都墨田区厩橋まで連れてこられたうえ、車中で乱暴された。

◇同夜七時半ごろ、三鷹市下連雀のキャバレー「ニュー・キャッスル」で泥酔した四人の米兵が連行しようとしたMPを袋叩きにし、うち一人がナイフで下腹部を刺して重傷を負わせた。

◇一一月六日午後一時ごろ、西新井署大師前交番に「自転車をかせ」とやってきた五人の米兵を同署に案内したところ、署内にあった自転車三台を強奪した。

◇一一月七日夜十一時ごろ、新宿区新宿二の一八で復員軍曹（二九）はすれ違った米兵に突然ピストルで射たれ、肩にケガをした。

◇一一月八日午後七時ごろ、大田区羽田本町の事務員K子さん（一七）は帰宅の途中歩哨らしい米兵に小銃でおどされ、乱暴された。

◇一一月十一日夜一一時半ごろ、港区芝二本榎のAさん方に白ハンカチで覆面した二人の米兵が押入り、家人をピストルでおどして現金九〇円と腕時計を奪った。

◇同夜九時半ごろ、品川区大井鈴ケ森の慰安所「見晴」に六十人の米兵がやってきたが、休業中だったので怒り、暴れ回ったうえ、勝手口に放火、床板約三平方《メートル》を焼いた。

◇一一月一三日午前一〇時半ごろ、銀座二丁目M子さん（一七）は自宅の〝地下式防空壕〟で一人で留守中、米兵になぐられて乱暴された。

◇同夜六時ごろ、日比谷公園で一人の米兵に「英会話を教えてやる」と近くのビルに誘い込まれた新宿区柏木の事務員S子さん（二二）は、翌十四日午前三時ごろまで監禁され、十三人の米兵に乱暴された。

◇一一月一四日正午ごろ、丸ビル前を妹と歩いていた品川区小山の人妻（三二）は、米兵三人の乗ったジープに無理やり乗せられ、乱暴された。

◇一一月一五日夜九時ごろ、港区麻布盛岡町の暗がりで衆議院議員二人はMPの腕章をつけた米兵に道を聞かれ、いきなりなぐり倒されて腕時計を奪われた。

◇一一月一七日朝九時ごろ、東京駅構内で丸ノ内署巡査が米兵五人になぐられ佩刀をとられた。

◇同夜七時ごろ、亀有の慰安所「香島楼」の接待婦（三六）は米兵四人に中川堤に連出され乱暴された。

◇一一月一九日夜九時ごろ、大田区北糀谷の七つの坊やは米軍トラックにひき殺された。トラックは逃走。

◇一一月二三日夜十時ごろ、大田区矢口町の飲食店の妻（五〇）は飲食中の米兵二人が三人の娘を乱暴しようとしたので、身代りを申し入れたところ、前後十回も乱暴されて気絶した。

◇一一月二五日夜六時ごろ、大田区羽田の飲食店で、米兵一人が酔って三人の女給をピストルでおどし、ワイセツ行為を迫ったが、さわがれて未遂に終った。（註・報告書中の地番は、昭和三六年九月現在のものに書替えてある）

「なにしろ、警察署の中でも、交番でも警官やその家族が襲われるという特殊な時代であったし、日本は進駐軍に対して断固とした処置をとれなかった時代のことで、いかに歯ぎしりしても、どうにもならなかった。四谷署事件の際、われわれにも、あれだけの権限と機動力があったらなア、としみじみ思いました。相手はジープで、こっちはいまにも動かなくなりそうな電車を乗換え、乗換え、テクテク歩くんですから、その差は歴然です。とにかく、メチャメチャな時代でしたなア……」――警備本部でこの報告書をまとめたS氏の述懐である。

R・A・A始末記

性病の蔓延

セックスの需要急増が、慰安所の激増ぶりを示したことは、既に述べた通りであるが、同時に、芳ばしくない傾向が発生した。それは、性病の蔓延であった。淋病・梅毒などの罹病者が、瞭原の火のごとく広がっていったのである。

もちろん、占領軍当局者たちは、手をこまねていたわけではない。京浜地区に慰安所を店開きさせると同時に、百五〇人の慰安婦に対してペニシリン注射をさせた。無料であった。戦後の流行薬であるペニシリンを初めて使ったのが、占領軍相手の慰安婦であったとは皮肉だったが、ともかく、GHQは日本政府を通じて、慰安所その他のR・A・A施設に対して、衛生設備を完備するよう指示していた。「慰安婦の検診を厳重に励行し、罹病者は強制入院せしめるほか、罹病者の場所・人数・病名を検査の都度報告……」することを命じていたのである。

R・A・Aの弔鐘

しかし、敗戦という事態は、売春婦の衛生管理をメチャメチャにしていた。たとえば、性病予防の最前線ともいうべき検診についてみると、一七年以降都衛生局の所管になっていたが、戦争がはげしくなるにつれて、それらの検診施設や診療所は救護所に変わり、空襲などによってケガをした都民の診療所になっていたのみならず、それも大半、戦災で焼失していたのである。

R・A・Aの記録によると、各慰安所で最初の「一斉検診」が行われたのは、二〇年九月二五、六日の両日であった。その結果は「芸者が四割以上、その他が二割程度の罹病率」ということがわかったとある。一斉検診はその後数回行われたが、罹病率は増える一方だったのである。
翌二一年一月になると、占領軍将兵の性病は破局的様相を示した。米軍のある部隊では六八％が〝同病相憐れむ〟ことになってしまっていたのである。GHQのX大佐はカンカンに怒って、厚生省の役人を呼びつけた。「この実態をどうみるのか。何の対策もないのか。日本の役人は無能ぞろいだし、女たちは性病の巣窟だ。不潔極まりない。まったく、悪魔である」と、ののしったが、実は彼もまた、オンリーとして抱えた芸者から、性病を移されていたという話が伝わっている。六尺近い大男が、腰をかがめながら怒鳴る様子は、むしろ諷刺画であろうが、この性病の蔓延こそ全盛を誇ったR・A・Aの弔鐘であったのだ。国策はどこへやら、儲かりすぎる事業に幹部たちが太平の夢をむさぼる間に、性病という名のアリが〝性の防波堤〟をつきくずしていたのである。

サック集めで感謝状

そのイキサツを書く前に、ここで、ちょっと、性病の蔓延にまつわるエピソードを紹介しよう。主人公は、当時警視庁で占領軍当局やR・A・Aなどとの折衝を担当していたO氏である。O氏は現在、一流製薬会社の重役をしており、本人の希望で名前を伏せておくが、以下、私とあるのは、このO氏のことである。

進駐軍の兵隊が増えるにつれて慰安所は増えたが、衛生対策はそれに伴わなかった。目先のきく業者は〝いまのうちに対策を考えないと将来困る事態が発生する〟とは思っていたが、実際問題として手段方法がなかった。進駐軍当局が女たちにペニシリンの注射を教えても、〝注射なんかじゃ病気は治りっこない〟と思い込んでいる始末だった。

結局、各地で多年使い馴れたゴム製品を、徹底使用する以外に方法はないとの意見がまとまり〝ゴム製品やあーい〟と品物集めにかかった。ところが、ゴム製品は戦争中統制品になっており、戦地で慰安所に通う兵隊が性病予防用に使う以外は〝産めよ、ふやせよ〟の国策から、産制などには相手にもされていなかったため、まったくの品不足だった。

協会の幹部たちは、ストックしていた品物を持ち寄ってはみたものの、それではもちろん足りっこない。弱り果てた業者たちは警視庁に陳情にやってきた。〝何とかゴム製品を捜して下さい〟というわけだ。奇妙な陳情に驚いたが、私たちはそれも国家の急務であろうと考え、捜索方針を検討した。そこはやっぱり餅屋は餅屋、たちまちゴム統制会が戦後のドサクサにまぎれて、多量の陸軍用を隠匿している事実をつきとめた。数えてみると百八万個もあった。

そうなると、瞬時も猶予はできない。本庁（警視庁のこと）に飛んで帰って、保安課長名の公文書を作り〝押収〟すると通告した。統制会もビックリしたようだったが、事情が事情だから、一個七銭二厘の公定価のものを三円五〇銭で全部買上げた。

こうして、O氏が発見した〝日本軍用ゴム製品〟は、同じ軍隊でも、〝連合軍用〟として使用されるようになったのである。しかも、勝手に課長名を使ったO氏は逆に表彰状をもらったのであった。

私の報告をきいた課長（高乗釈得民）も、さすがに、目をパチクリさせましたよ。おそらく警察官になって、はじめての珍妙な押収書に名前を使われたでしょうからね……それでも、〝よく機転をきかせてやってくれた〟と喜ばれましてね、表彰状をくれました。〝ゴム製品発見に功あり……〟と、ハッキリ書いてありました。珍妙な押収書に判を捺させた返礼としたり、なかなかユーモアがあるじゃありませんか。恐らく前代未聞の賞状でしょうからな……。

百八万個は、あッ、という間になくなった。「さすがはアメちゃん、戦さに勝つだけあって、あっちの方も強い」。R・A・A幹部は妙な感心の仕方をしたりした。その中で、宮沢理事長や鈴木明・山口富三郎両常務理事ら心ある連中は、続いて衛生器具の獲得に躍起となった。が、生産されていないものは、どうにも仕様がなかった。ない袖はふれなかった。そして、性病は再び猛威をふるった。

強制検診の悲喜劇

昭和二一年二月、都衛生局からGHQに性病レポートが提出された。「R・A・Aに属する日本人慰安婦の九〇%は保菌者であり、また米海兵隊の一個師団を調べたところ、七〇%が保菌者であることがわかった」というものであった。GHQ担当官庁は身震いした。

R・A・Aでは、このレポートに対して「保菌者の増えたのは事実だが、それはわれわれの責任ではない。病気持ちの兵隊が増えたことによる」と反発した。一面の真理である。南から北から、日本に集結してくる占領軍の兵隊たちは、各地の悪質な性病を持込んだのである。性病の種類が豊富になり、治療も困難なものが増えたとは、医学界で認める通りである。つまり、いいかえるとそれは、〝性病の進駐〟であって、その悪影響は講和条約後も、長くを尾をひいている。

ともあれ、占領軍当局は性病駆逐の対策に頭を悩ました。「占領軍の将兵を性病にかからせてはならない。東京都はその責任に於て検診を厳重にせよ」と指示、R・A・Aの慰安施設に一週一回の、〝強制検診〟を行わせた。指示は、慰安婦だけではなく、ダンサーやビヤホールのウェイトレス、ホテルのメイド、それから各施設の事務員に至るまで、全女性従業員にわたっていた。

R・A・Aは当然反対した。慰安婦は当然であるとしても、他の強要はできないという申入れを行った。「問答無用。GHQは必要だと判断し、命令を下したのである。あなた方は命令に従って行動すればよいのであって、命令に従わない結果は、自ら明白である」――が、その回答であった。占領中では、明白な現実であった。抵抗をあきらめた幹部たちは必死になって、ダンサーたちに説明を行った。

女性の一番大事な場所に、異常があるかないか診察することは、歯や内臓の健康診断よりもっと必要なことだと思います。それも無料で健康状態をみてもらえる。痛くもないし、恥しくもないし、これに反対されるのはかえって常識のないことに思われます……。

こんな珍妙無類な解説に、彼女たちが、なるほどとうなずくわけはない。果然、一斉に猛反対の紅い気炎をあげた。「バカにしないでよ。ダンスして性病にかかるなら、キスしただけだって、こどもが生れるんだろうにねエ」、「ほんとにアメちゃんってそんなにとぼけているのかしら？　慰安所とキャバレーを間違えないでよ」、「大体、あたしはね、主人が二年越し胸が悪くて寝ているのよ。それで、どうしてそんな病気を持っているっていうのさ」。中には、検診を受けないと一週間ホールに出られないというんなら、全員検診を拒否して休んじゃおう、黙って検診を受ければ〝慰安婦と同じです〟と自分で認めることになるんだから――と強硬論を吐くものもあらわれた。しかし協会の返事はにべもなかった。

進駐軍の命に反すると、軍事裁判にかけられて沖縄行きかも知れないよ。それでよかったら……。

〝軍事裁判〟〝沖縄行き〟――。

いまでは忘れてしまった悪夢のような言葉だが、そのころは、強烈な呪力をもっていたのである。全員が、無条件降伏したのはいうまでもない。もっとも、ダンサーたちも、現実には強制検診のやむを得ないことを知っていた。金をもらって泊りに行ったり、チョコレート一枚、ナイロンの中古ストッキング一枚で、肉体を投出す仲間のいることは、公然の秘密になっていたのだから。

結局は「アメ公のバカヤロー」など、てんでに悪口をいいながら、検診をうけたのであった。そして、ガク然とした。かなり多くのダンサーが、病気持ちであることが判明、就業を停止させられたのである。最初の気炎はどこへやら、以来、おとなしく検診を受けるようになった。

占領軍はさらに盛り場や慰安所のある街角に簡易治療所を建てた。赤十字のマークをつけたカマボコ型の建物を、都民はいぶかし気に眺めていたが、これは慰安所で一夜を明かした兵隊が、帰隊前に検診を受ける場所であった。兵隊たちは性病にかかっていると処罰されたが、この治療所で証明をもらって帰りさえすれば、後で病気が発見されても、軍医のミスとなって、免責にされるのであった。

ちょうどそのころ、「ＧＨＱは一カ月間、殺人や暴行略奪事件を起さなかった師団を表彰する行事を行ったが、表彰記念の名誉と優勝杯を保管するのは、その一ヵ月間に新しい性病患者を一人も出さなかった下級部隊と決められた。最初の一カ月間は名誉章と優勝杯は第八軍の手にとどまっていた。資格に該当する部隊が見当らなかったからである。しかし、そのつぎの月もそのままであった。やっと三ヵ月目に名誉賞と優勝杯は第八騎兵連隊の手におごそかにひき渡された。だが、この連隊にはそれを保管する資格をもった下級部隊はなく、個人がそれを保管した……」と、ある外国通信の特派員がスッパ抜いた――『日本の貞操』はこう書いている。

日本政府と国民の上には、絶対の権力をふるったＧＨＱも、性病に対してだけは、完全に無力であることを暴露したのであった。

「アメ公よけ」の〝護符〟

ペニシリンも、強制検診も、兵隊たちへの表彰制度も、性に対して無力であることを悟った占領軍当局は、最後の手段を講じた。「Ｒ・Ａ・Ａ所属のすべての慰安所に占領軍将兵が立入することを厳禁する」旨の命令を出した。昭和二十一年三月のことである。Ｒ・Ａ・Ａは大打撃であった。先の見える連中は、性病の蔓延が命取りになることを予感していたが、大勢は好況の夢に酔い、本格的事業拡張に乗出そうとしていた矢先だったからである。

はじめのうちは、禁止命令を無視して慰安所通いする兵隊もあった。禁止令よりも、セックスの飢えの方が強力だったのである。当局はこれをみて、三月十日、Ｒ・Ａ・Ａの全慰安施設に対して「オフ・リミッツ」の黄色い看板を掲げた。しかも、麗々しくＶＰ（梅毒地帯の意味）と付記されているのに、後には、「アメ公よけ」の、〝護符〟として使われるようになったのは、敗戦国の悲しきカリカチュアであった。

R・A・Aは、こうしてもろくも崩壊した。発足以来僅か半年余、恐るべきは性病の力であった。

しかし、槿花一朝の夢に終ったのは、性病の蔓延だけではなかったと説く人もある。元情報課長鏑木清一氏は「はじめは慰安所だけではなく、ゴルフ場まで含めた一大アミューズメント・センターを作ろうという大きな理想であったが、政府からの援助金が三千三百万円でストップしてからは、それどころではなくなった。金が出ないと知った協会の幹部諸公は、それこそガメック自分が損をしないように立回った。もともと、料飲とか、慰安とか、接客業とかいうぐあいに、各業界の大立物の集りで、常日ごろから勢力争いをしていたから、いったん景気が悪くなったらひどいものだった。二〇年暮には、すでに協会にまとまった金がなくなってしまったほど、無計画に金を使い、規模を拡げすぎてしまったことが立入禁止を食ったとき、態勢をたて直す余裕すら与えなかったといえよう」といっている。鏑木氏の意見には一理ある。最盛時には七万人からの慰安婦をかかえたことのある大世帯（閉鎖されたときは約五万五千人、協会資料による）だったR・A・Aも、法人組織をもたぬ商法上の任意組合だったのである。

こういうずさんさだから、立入禁止の対策として、キャバレーを次々に作ってみると、兵隊の増減がはげしいためハンパ営業しかできない。やむなく、昼間は日本人対象、夜間を進駐軍専用にしたりして切抜け、慰安所の方は旅館や料理店に改装して日本人相手に営業を開始したが、いままで怖ろしい兵隊たちの通っていた店に、急に客足の増えようわけはなかった。それは、赤線廃止後、旅館や料理店に転業した店がはやらなかったのと同様である。

四苦八苦の奮闘を続けた最後に、昭和二四年四月二二日、矢折れ弓尽きて、上野の観光閣で臨時総会を開き、資本金一千万円の日本観光企業株式会社を創立、協会資産の大部分と全社員を引継ぐことに話がまとまり、正式に幕を閉じたのであった。

性風俗大発展の導火線

性病と放漫経営でR・A・Aは、かくして自壊したが、その存在は、戦後の日本の性風俗に大きな影響をもたらした。その主なものを列挙してみる。

①	日本の貞操を幾分かは守り得た＝オフ・リミッツ後、公式の記録による婦女子暴行件数が全国一日平均四十件から二百三十件平均にはね上ったという数字は、その間の事情を物語っている。
②	公娼制度擁護の口実を与えた＝①のことは、裏返していえば、公娼擁護論者たちの絶好の口実になる。
③	洋パンの発生を促進した＝お茶の水女子大の南博教授が『戦後日本における売春婦の特質』の中で書いているように〝予期に反して客からいろいろな点で恵まれたことを喜んだという事情は、敗戦国の悲惨な滑稽さ〟であると同時に、R・A・A解散後もそれらの客を求める洋パンの発生を促進したのである。洋パンの転身が、また新たな売春形態を生んだが、それは別の機会に譲ることにしよう。
④	赤線再建に大きな役割りを果した＝洋パンに一部のものが転身したにしても、閉鎖当時五万五千人もの慰安婦をかかえており、慰安所施設も元公娼地域、私娼地域の転用が多く、その設備充実に多額の資金投入しているのである。「国敗れて売春は死なず」の信念？でR・A・Aを作った業者たちが、こんどは「R・A・A死しても売春は死なず」と確信に燃えていたことは疑う余地はない。

しかも、売春業者に有利だったのは、警視庁が集娼政策をとっていたことであった（それは、赤線の項で詳しく述べる）。オフ・リミッツに先き立つ二一年一月二一日、「日本における公娼廃止に関する覚書」がGHQから出されていたから、公然とは認められなかったが「下宿業」「喫茶店」「社交喫茶」「カフェー」「バー」など、営業の名目は変っても、女を買いにくる客のために店を開けておいたのである。

いうなれば、これは〝集団的私娼の発生〟であった。警視庁では集団的私娼を「一定区域内に定住した従来の公娼及び公認私娼営業者のグループが、そのまま居すわって私娼業者となったもの」と説明しているが、警視庁がこの〝集団的私娼〟地域に、赤線で印しをつけたところから、「赤線地帯」の名前が生れたのである。

第二章　赤線の灯、消えるまで

息吹き返えした赤線地帯

廃墟の中の赤線地帯

全滅に瀕した吉原

昭和二〇年三月九日、夜半の大空襲で吉原は一瞬のうちに焼野ケ原になった。そのころ、ざっと千二百人いた娼妓のうち、約三分の一にあたる四百人が、猛火に閉じ込められて焼死した。やっとの思いで隅田川に飛込んだものも、上げ潮に呑まれて溺死したものが多かった。ただ、混乱する言問橋《こととい》を、押し合いへし合いして、向島の土手まで逃げたものだけが助かった――と、伝えられている。

これは、関東大震災のとき、観音様の境内にあったひょうたん池で、多くのおいらんが溺死したの似ている。そのとき、「楼主がなかなか女を逃そうとしなかったから、逃げ遅れたのだ。人道上許すべからざる行為……」として、東京市民は激しく業者を非難したが、空襲のときは誰一人、彼女たちの死に涙を注ぐものはなかった。連日連夜、B29の空襲におびえていた都民は、人さまのことなどにかかずらってはいられなかったのであろう。

これら戦災死した女たちは、吉原の町はずれにある吉原弁財天に、供養塔を建てられ祀られた。毎年三月九日には吉原六カ町の組合で慰霊祭を行ってきて、ことし（昭和三六年）は一七回忌になるわけだが、「組合の清算事務も済んだし、来年はできるかどうかわからない」と、昨年のうちに一七回忌慰霊祭をやった。

「ほんとにねエ、これからは寂しくなるだろうねエ」と供養塔建立の世話人の一人、伊藤常吉さんは目をしばたたかせながら述懐する。

さて、話は戻って、空襲のときのこと。吉原の組合は「昔から吉原は火事の多いところだ。消防の設備だけはよくしなくちゃ……」と、町内だけでガソリンポンプ六台を備え、消防訓練もずい分激しかった。この吉原消防は隣接の町にも出動して活躍したが「なにしろ空襲ってやつは、空から火事が拡がるのだから、まったく手に負えませんでしたねエ」――当時吉原消防で奮闘した岡本清次現吉原二丁目町会長は語っている。

この大空襲で家を焼かれた業者の数は二八〇軒というから、文字通り全焼、全滅であった。その光景は、鈴木明元組合長の表現をかりるならば、「上野の駅から、汽車がポッポッポと白い煙を吐きながら出て行くのが遠くにみえた。吉原で残った建物といえば、揚屋町の一号館と二号館、江戸町二丁目の八号館、それに吉原病院のビルだけであった」。

命カラガラ助かった業者と女たちは、一〇日朝、三々五々、焼野ケ原の吉原に舞戻ってきた。焼残った吉原病院と四つのビルを応急の収容所にあて、炊出しをやったり、人員登録をしたりしながら今後の方策について語り合った。容易に解決策もみつからぬうち、一八日になると日本堤署長（現在、廃署。警視庁六方面本部がある）は、吉原から分散疎開することを命じてきた。

「それぞれ、縁故を頼って疎開してもらいたい。再びこの地で営業するということは、まず不可能であろう。ここに頑張っていても、食糧が途絶する心配がある」という趣旨であった。

これは、まさに吉原廃娼宣告に等しいものであった。

〝女体商品〟の疎開

まったくあのときは観念しました。敗戦の色は濃くなってきているし、吉原もこれでおしまいと思いましてね。残っていた二人の女の子の証文を巻いてやって郷里に帰しました。着のみ着のままで、帰すのが可哀そうでしたが、どうにも仕方がありませんでしたよ。

ある大店の元業者の回顧談である。もっとも、このように、証文を巻いて、女を郷里に帰したのは業者ばかりではない。中には店の娼妓全員を引連れて自分の郷里に疎開するものもあった。「国は滅びても売春は滅びず」の鉄則を固く信じている業者にとってみれば、それは商品の疎開でもあったのだ。

再開へのあがき

生き残った娼妓たちの大半は、こうして吉原から姿を消していった。しかしそうなっても行き場所のない娼妓が約二十人ばかりいた。帰りたくても帰るところもない孤児や、「帰っても飢え死するようなところだから、どうせ死ぬなら東京の方がサッパリしていていい」といった〝やけっぱち〟組であった。ともあれ、罹災した業者や女たちは、「あすからどうして食べて行くか……」に、頭を悩しつづけたのであった。

いくら考えても、焼野ケ原の中では、対策のたてようもなかった。やむなく、三々五々、ツテを求めて散っていったところ、分散命令から一カ月後、二〇年四月一九日、残留していた業者に、まったく逆の命令が伝達されたのである。「治安維持の必要上から、吉原の営業を早急に再開されたい」というのが警視庁の意向であった。

「何だって？　こんどは商売をはじめろだって。勝手なことをいいやがるじゃねエか」、「そりゃ商売ができるに越したことはないが、いったいこんな焼野ケ原でどうすりゃあいいんだい」、「商売しろっていったって、女はいないのも同然、それに場所、いや家だってないじゃないか。まるでむちゃくちゃだよ」、業者は口をとがらせて、警察の手前勝手を非難した。

とはいっても、再開に意見が一致した。行く先もない業者とあってみれば、それ以外には食う道もなかったのである。次のように、苦難の歴史を鈴木元組合長は述懐している。

あの当時、徴用工とか、妻子を田舎に疎開させた亭主とか、東京には、性のはけ口に困っていた男が多数いた。当局はそれらの性が、犯罪面などで〝爆発〟するのを防ぐため吉原に営業再開を求めてきたんです。しかし、吉原は焼けちまって、おいそれと営業ができる状態ではない。そこで、まず揚屋町で焼け残ったコンクリートの家二軒、一号館と二号館、それに江戸町二丁目の八号館をとりあえず営業所ときめ、ムシロをぶらさげて〝割り部屋〟を作りました。わたしは足袋はだしで強制疎開した小石川の区役所あたりに出かけてゆき、家をつくる材料をもらってきました。そして、畳・柱・板・戸障子などを集め、荷馬車に積んでは吉原に運んだんです。それをコンクリートの焼ビルに取付けてだんだんと部屋の格好をつくったんですよ。そんなわけで、営業をはじめてみると、客がくるわ、くるわ、門前市をなす盛況でした。ショートが五〇円、泊りが百円――二百円ぐらいだった……。

ただ、疑問に思うのは玉代である。いかに、需要に対して供給が少いといっても、ショートの五〇円は高すぎる。二〇年初めごろの臨時工の月収が七〇円前後であったことを考えると、比率からいって、釣合いがとれない。すべてに公定価があり、安い値段でおさえられていた時代のことである。五円の間違いではないだろうか。売春問題研究家として著名な故中村三郎氏や評論家神崎清氏の調べでは、遊び五―六円、二時間で一三円、泊り二〇円となっている。だが、吉原各町の町会長が集った席で、たしかめたところ、鈴木説にみんなの意見が一致しているので、一応その通りに紹介しておく。

警視庁が〝治安の維持〟の必要から吉原等の再開を要請した、と前に書いたが、その治安維持とはどんなものであろうか。当時の保安課風紀係長大竹豊後氏の説明はこうである。

川崎や江東区の大島あたりには若い徴用工員が大勢いたし、焼け跡の暗闇を利用した性犯罪が、毎日報告されただけでも十件はあった。やはり、若い工員たちには、適当な性の処理が大切であって、慰安施設の再開は、軍需生産にも大きな影響がある、という結論が出て、警視庁も踏切ったと憶えている。営業再開にあたっては、このような事情から、また警察力そのものが最低の状態であったから、取締りなどということはほとんどなかった。

吉原再建にあたって、抜目のない業者たちは軍に陳情を行った。統制の木材その他建築資材をおさえていた軍部は、容易なことでは民間に渡さなかったが、軍需生産向上のためという口実には、コロリと参ったのであった。

シマの変貌

吉原と同様に、戦災にあったのが、洲崎・玉の井・亀戸・新宿で、品川や千住は戦災をうけなかった。戦災によって、各シマ（集娼地区）ともいろいろな形で変貌したり細胞分裂したりしたが、その復興にあたって、軍が尻押ししたのは、吉原同様であった。終戦直後での概況を、ひと通りのぞいてみよう。（一覧表は一〇一頁参照）

「枯芦を刈りて州崎の遊廓かな」と子規の句にもなった**洲崎**は、大正時代は業者数三百五〇軒、娼妓三千人を集め、吉原と大阪の松島と並んで日本三大遊廓とまでいわれたが、太平洋戦争で大きく変貌した。昭和一八年一二月、石川島造船所その他の軍需工場のため、動員学徒や徴用工の工員宿舎に明け渡したのであった。立川の羽衣町とか錦町の原っぱに散って行ったり、羽田の穴守（後に武蔵新田に移転）や千葉にまで散っていった。ここは昭和二〇年の三月の大空襲で全焼した。この全焼するまで工員宿舎の裏手の堀割りには尨大なゴム製品が毎朝浮んでいたのは、女まで〝徴用した〟ためだと近所では噂が高かった。同年一〇月、占領軍慰安のための復興命令が出され一二月二八日、堀洲崎復興会長が焼けビルを改装して「大和」という店をはじめたのが戦後の第一号。設備は吉原と五十歩百歩であった。

武蔵新田は洲崎から穴守に移った業者が、飛行場拡張のため立退かされて、武蔵新田に移ったのがそもそものはじまり。疎開のため、ガランドウになったアパートが、この遊廓のスタートであった。

出歯亀御自由という穴ボコだらけの壁、シンが抜けて波打っている畳、そのうえにセンベイ布団を敷いて彼女たちは産業戦士たちの戦意昂揚のために〝協力〟したのであった。「ウーウー鳴るのは空襲のサイレンか、隣りの部屋の女のうなり声か……」といわれたのも、そのころのことであった。こうして、一カ月足らずで終戦を迎えたため、各シマの間では武蔵新田のことを〝ポツダム赤線〟と後に呼んだりした。当時は店が一〇軒、女は三〇人の小規模なものだったが、蒲田周辺は軍需工場街とあって、寝る間もないくらい繁昌した。

戦災直後の**玉の井**は悲惨であった。二〇年三月九日夜の大空襲で、あっという間もなく四百八七軒が焼夷弾の直撃をくらって全焼、千二百人の娼妓が焼け出されてしまった。業者たちは、もともと、関東大震災後、浅草一二階下の私娼窟から集団移動してきたものが多かっただけに、一面焼野ケ原で、死屍累々の玉の井を見捨てて、鳩の街や亀有に移って行ったものもあった。

鳩の街は軍と厚生省の後援（?）で、吉原と同じように資材を回してもらい、二〇年の七月一〇日に四〇軒七〇人の従業婦で店開きをしたのであった。亀有は「雨が降ると水の上に家が浮いている」といわれるほどの低湿地帯だが、二〇年八月八日に、田甫の埋立て地に慰安所を作った。同年八月一八日警視庁経済部長は葛飾署長（現在廃署）宛に次のような文書を発している。後の〝赤線〟地帯誕生の資料であるから、参考のために全文紹介しよう。

《銘酒店設置に関する件》

八月七日寺島保健組合分支部代表者山口富三郎願出標記の件は設置方支障なきを以て此旨出願者に示達せられ度。

理　由――本件願出は戦災に因り全地域焼失せる寺島銘酒店稼業者中継続希望者一二名（将来五十戸に拡張の予定）接客婦五〇名（将来百名に増員の見込）を以て葛飾区亀有五丁目百八十番地百四十七番地百五十六番地百五四番地六百七七番地に於て旧寺島銘酒店の営業形態に依り再開せんとするものにして新設地城の状態支障なく且需要度の点より思考するも設置方承認可然ものと認めらる。

同所は……アパート「夕立荘」四畳半六畳合せて三二室、「夕暮荘」四畳半三四室にして将来付近にアパート約八棟位室数約百七〇室を買収予定なり。場所は常磐線亀有駅より西南約二丁位離れたる駅前大通りを約一丁位西に入りたる裏通りにして一般住宅は極めて少く、付近にアパート相当数あり。現在設置せんとする「夕立荘」「夕暮荘」は同一敷地内に併立し接続せる住宅なく、叉付近に学校その他の公共建物なきため設置区域として支障なきものと認む。

この当時の亀有の料金は時間で五円以内、泊りで一五円以内が相場であった。

亀戸は下町の工場街にある私娼窟で、玉の井と覇を競ったこともあるが、〝煙突の見える赤線〟という以外、あまり特徴はなかった。焼けてから一部は立石と新小岩・東京パレスに移った。新小岩は〝成長率〟の高いシマであったが、発足当時は一三軒三七人という淋しさだった。当時の料金は亀有と同じで五円、一五円であった。立石が七月六日、新小岩は八月一九日に開業、東京パレスは一一月二八日とスタートはやや遅れたが、戦争中は精工舎の亀戸分工場の女子寮であった。二階建五棟が並び、ちょっとしたアパート式であった。警視庁経済部長から小松川署長への通達によると、敷地四千二百五二坪二合八勺、建物千七百余坪で、慰安婦稼業室が二百六〇もあった。許可理由は亀有の場合と似たり寄ったりなので省略するが、他の条件が面白いので左に全文を写してみよう。

二　営業期間……進駐軍東京都進駐の期間中とす。

三　経営組織……組合組織たる協会の経営にして現在協会員百名を擁し協会規約並に役員氏名別添の通り。

四　業態……外人専門の標示をなさざるも外人に重点を置き、前亀戸保健組合の業態に依るものにして協会主体として運営し、役員従業員以外の慰安婦雇用経験者をして慰安婦稼業に介在せしめる。
五　私娼予想数……約二〇〇〇名。
六　営業時間……午後零時半より同一二時迄とす。
七　遊興料金……邦人時間一〇円、宿泊四〇円。外人時間三〇円、宿泊一二〇円。場内三カ所にチケット売場を設置し、チケット制に依る。
八　衛生施設……①東京都長官の行う健康診断受診に関しては都厚生局衛生課性病係並に予防係と連絡済み。②場内に診療所を設置し専属医師大岩保をして常時診療に当らしむ。③場内に入院室を設け、健康診断不合格者をして完全治癒に至る迄入院せしむ。④慰安婦稼業室の各棟各階に洗滌所を設置し、花柳病予防方法を講ぜしむ。
九　意見……本協会は一〇月一〇日より肩書地に事務所を設置し専ら場内設備に当りおりたるものにして場所及建物設備並に衛生施設等より勘案するに黙許支障なしと認めらる。

この通達によってみると、国際交歓協会という名の通り、はじめは占領軍慰安目的を主体にして作られたものであることがわかる。従って、ダンスホールなども完備していたが、建物の構造上長い廊下をコソコソ歩かねばならないため、何か田舎の学校にきたようで遊客にうそ寒い思いをさせた。オフ・ミリッツになってからは、地元の人たちの〝処理〟以外には、はるばる足を運ぶものは少なかった。ただ、坂口安吾が、人気を呼んでいた読物『安吾巷談』の中で〝田園パレス〟として天下に発表してから、一躍有名になった。

新宿は付近に軍需工場がなかったから、罹災後の復旧には軍の支援はなかった。業者たちの自力の復興で、後には吉原をしのぐ、新時代の赤線になったのであったが、廃墟の中で、復興はもっとも遅れたのであった。

その点、焼け残った**品川・千住**などは復興のための手数はかからなかったが、逆に、発展のための体質改善が行われず、品川などは各シマが全盛中の全盛を迎えた二七、八年ごろには、業者の数も女の数も減るといった現象をみせているのである。

赤線復興す

不発だった〝売春革命〟

逆説的ないい方だが、戦後の赤線復興は、ＧＨＱの「公娼制度廃止に関する覚書」から出発している。

二一年一月二一日、マッカーサー元帥代理アレン中佐から「日本の公娼存続はデモクラシーの理想に違背するから、日本政府は直ちに従来公娼を許容した一切の法律及法令を廃棄して、その諸法律の下に売春を業務に契約した一切を放棄せしめよ」とのメモランダムが日本政府に渡された。政府はその指令に基いて、同年二月「娼妓取締規則」を廃し、同時に地方における公娼制度に関する規則等を二月二〇日までに廃止するよう措置をとったので全国の公娼は形式上廃止され、明治五年の「芸娼妓解放令」に次ぐ二回目の娼妓解放が全国一斉に行われたのであった。これは売春史上特筆すべき〝革命〟であったのだが、都内では明治五年の太政官布告のときや、後の売春防止法のときのような混乱もなく、平静な態度で迎えている。

それには理由があった。警視庁はメモランダムについての情報をキャッチ、事前に業者に伝え、対策を指示していた。業者は指示に従って一月一三日警視庁に出頭、自発的に廃娼の申し出を行い、接待所という名目で〝公娼でない公認の私娼〟を認められたという形式をとった。

鈴木明元吉原組合長は「正確な月日は覚えていないが、たしかあの覚書が出る一週間ぐらい前、そういった話を警視庁から聞いた。そこで、吉原はそのころの組合長であった成川敏氏の名前で、廃娼を申し出たことを記憶している。業者数は三〇数軒、娼妓の数は六、七〇人ぐらいではなかったろうか。そして、江戸町一丁目の成川組合長宅にみんなが集り、前借金の証文などを破り捨てた。郷里に帰るという娼妓には汽車賃まで与えてやった。解散式と特に銘うたなかったけれど、集会が即ち解散式でもあった……」といっている。この間の事情について、GHQの売春政策をキャッチしたといわれるO氏（R・A・Aの項で紹介したサックを発見して表彰状をもらった警視庁技師）にきいてみると、こうなる。

私は警視庁の渉外関係の仕事をしていたので、GHQによく出入りしていたが、そのうち、なにか日本の売春制度について変革するプランがあることに気づいた。苦心を重ねて、それとなく聞き出したところによると、公娼制度廃止というビッグ・ニュースであった。警視庁の幹部に報告すると仰天して、もっと詳細な内容を調べてくれという。そこで、さらにさぐりを入れて、情報が入るたびに報告した。一応の対策がまとまったのは、覚書十日ぐらい前で、管下各署長宛に通達を出し、業者への指導方針を徹底させた。このため、警視庁管内では全国各地で起ったような混乱はまったくなかった

警視庁の通達は、二一年一月一二日「公娼制度廃止に関する件」というものであった。重要な出発点なので、全文紹介しておこう。

公娼制度は社会風紀の保持上相当の効果を収め来りたるも、最近の社会状勢に鑑みるに公娼制度の廃止は必然の趨勢なるを以て、今般左記により貸座敷及娼妓は之を廃業せしめ之等廃業者に就ては私娼として稼業継続を認め、公娼制度を廃止致すことと相成りたるを以て、指導取締上遺憾なきを期せらるべし。

追而本措置は昭和二一年一月一五日より実施す。

一、方針……現業者（貸座敷及娼妓）をして自発的に廃業せしめ、之を私娼として稼業継続を許容す。

二、方法……①現行貸座敷指定地域を其の侭私娼地域として認むること。②既存の貸座敷業者は接待所、娼妓は接待婦として稼業継続を認むること。③接待婦の稼動揚所及居住は前記一による地域内に限定すること。④接待婦が其の就業を以て債務弁済するを内容とせる貸借契約はこれを禁止すること。⑤遊興料金の配分率は当分の間接待婦の取分百分の五〇以上、業者の取分五十以下とすること。⑥性病予防に関しては其の施設検診等性病予防規則に依らしめ、業者及接待婦をして従前に倍して病毒伝播防止に努めしむること。⑦酒類その他飲食物の提供は、従前の程度に於て之を認め、客の意に反して之が提供をなすが如きことなき様にすること。⑧前各号の事項その他風紀上必要なる取締事項は内規により之を定むること。

三、現行公娼制度に関する庁令及通牒の処置は、実施上の円滑を図る為前各号の実施に依り事実上公娼絶滅となりたる後之を廃止する予定なること

メモランダムが出ることを内偵し得たにもかかわらず、警視庁は事態をまったく軽視していた形跡がある。だから、公娼地域はそのまま私娼地域として営業させ、貸座敷業者は接待所、娼妓を接待婦と呼びかえるこ

とでお茶をにごしていたのである。この通達から一週間後の一九日にも「接待所及び接待婦取締内規に関する件」という細目を通達し、従来の銘酒店系私娼窟の取締り内規に範をとることにした。①接待所の取締り基準②接待婦は警察署長に届出させることは従来通り……としているのである。売春婦を登録させるにあたり、公娼制度と異なるところは、まったくない。「集娼地域をなくすと、街娼がふえ、取締り上も犯罪者検挙にも支障がある」というのが、その考えの基調をなすもので、戦前から変らぬ集娼政策を続けるつもりであったのだ。

この警視庁の（ひいては内務省警保局全体の）考え方は、当時GHQに多くいたニュー・ディーラーたちのお気に召さなかったのは当然であろう。のみならず、両者の考え方の食い違いが、後に悲劇の発生を生むのであるが、それに触れる前に、覚書の全文を紹介しておこう。

一、日本に於ける公娼の存続はデモクラシーの理想に違反し、且全国民間に於ける個人の自由発達に相反するものなり。

二、日本政府は直ちに国内に於ける公娼の存在を直接乃至間接に認め、若しくは許容せる一切の法律法令其の他の法規を廃棄し、且無効ならしめ、且該当法令の趣旨の下に如何なる婦人をも直接乃至間接に売淫業務に契約し若しくは拘束せる一切の契約金並に合意を無効ならしむべし。

三、当覚書を遵守する為に発令せらるる法規の最終準備完了と同時に其公布前に諸法規の英訳二通を当司令部に提出すべし。

さらに、この趣旨を徹底させるため「覚書実施についての細目の指示」を通達してきた。指示は七カ条からなるものであったが、大要はざっとこんな具合であった。「売淫というものは合法的な仕事とは認められないが、ひとつだけ例外を認める。それは生計の資を得る目的で、個人が自発的に売淫行為をすることまでは、禁止しないということである。覚書は売淫という行為をすることによって、女性がドレイ扱いにされることを禁止し、防止するのが狙いであるから、どんな女性でも自分の意志に反した売淫行為の契約などにしばられることはないのである。もし、その契約があるとすれば、今日ただ今から一切無効となることはもちろん、契約によって生じた金銭的な貸借から衣類・食糧・住宅にいたるまであらゆる負債もご破算となる。そして、この覚書に違反するものがあれば、どしどし起訴する」。こうしてみると、後年風俗革命とまでいわれた売春防止法の「女性をしばり、それを元手に稼ぐものを処罰するが、本人の自由意志による単純売春は罰せず」という規定が、この覚書にそっくりであるのは、歴史の皮肉というものであろうか。

売春業者に軍事裁判

だが、前にもいったように、警視庁をはじめ日本側の取締当局も、業者たちも事態を軽視したため、各地にトラブルが起った。メモランダム違反として、桐生市の業者が挙げられたのをはじめとして、千葉・埼玉・大阪・新潟・奈良と相次いで、違反業者が地方軍政部で軍事裁判にかけられた。奈良の例は、メモランダムを甘くみた典型である。郡山町のある業者は三月に入ってから一万一千円の前借で女をかかえたばかりでなく、一カ月のかせぎ高五千円のうち、塵か一七円しか女に与えていなかった事実が明るみに出て、業者は検挙され、女たち二七人の前借金七〇万円が帳消しにされたのである。業者の中には、年期証文がみつからなければ、前借の帳消しにはならない。米軍が撤退したら、証文にものをいわせるため、カメに入れて土の中に埋めよう、というものもあらわれた。

警視庁管内でも、R・A・A施設へのオフ・リミッツ（二一年三月十日）以後、占領軍はメモランダムの徹底のため、独自の摘発を行ったのであった。その摘発の第一陣は、四月六日夜九時すぎ、亀有の集娼地区を急襲したのであった。米軍騎兵第二旅団第七連隊の憲兵二〇人は、業者四〇人、娼妓百人をトラックに乗せて運び去った。オフ・リミッツになったことを知りながら、占領軍の兵隊相手の売春をしていたこと、従来の営業形態をそのまま続けていたことが原因であった。悪質と認められた業者二八人が軍事裁判の結果、それぞれ懲役一年、罰金二万五千円を言渡された。

続いて同月一七日、同憲兵隊は小岩二枚橋（後の東京パレス）を急襲、百人の業者のうち七〇人を検挙し、軍事裁判にかけて最高懲役二年、罰金五万円を課したほか、全員に有罪。さらに、立川市錦町・新小岩両地域も同様のケースで手入れをうけ、錦町は二四時間、新小岩は数日の閉鎖命令まで受けるという厳しさであった。

ガク然とした警視庁幹部は、GHQにかけつけ、平身低頭、平謝まりに謝った。業者たちは警視庁の指令を守っていたのであるし、警視庁としてはやむを得ない社会情勢から、現在のような営業形態をさせていることを説明した。助命嘆願について、GHQの回答は厳しかった。

不浄地域を特定の場所だけに集約しようとする日本政府の意図はわかるが、日本における公娼廃止は、いまや世界中の世論であることを忘れてはならない……。検挙した業者の家族が困っていることもわかるし、同情はするが、GHQの指令に違反したのだから、処罰されても仕方がない。つけ加えていえば、公娼というものは、なにも娼妓・酌婦ばかりではなく、芸妓も立派に対象となるものとわれわれは考える。

芸者も売春取締りの対象になるとおどかされ、警視庁の幹部は青菜に塩で逃げ帰ってきた。ああでもない、こうでもないと研究して ①前借制度の廃止を徹底させる ②身体その他自由の拘束を絶対せぬこと ③搾取をさせぬこと――の指導三原則を打出し、やっと、GHQの了解をとりつけた。そうして、五月一六日「接待所慰安所取締り並に接待婦の指導に関する件」という警視庁保安部長通達が出され、同月二八日には内務省警保局長名で「公娼制度の廃止に関する指導取締りの件」が、翌二九日には警視庁保安部長発の「接待所慰安所刷新についての通達」が次のようにあった。

業者と稼業婦の関係というものは、法律的にもまた事実上も、絶対に対等の地位にあるべきものなのに、なお昔通り搾取している業者が相当いる。このままにしておけば、無自覚な一部業者のために、業界全部が致命的打撃をこおむるほどの非常措置が発令されないとも限らない。GHQも覚書の趣旨が業者にしみ通っているかどうかに注意している。業者は取締り当局の手をわずらわすことなく、自主的に営業内容の徹底的刷新・自粛をはかってもらいたい。

とりようによっては、「GHQがうるさいから、文句をいわれないよう、うまくやってほしい」ともいえる微妙なニュアンスをもった通達であった。そうしてみると、この指導三原則は、逆に〝売春三原則〟ともいえるものであって、業者は三原則を忠実に守りさえすれば、いや守る顔さえしていれば、現実には昔通りの売春稼業を続けていても、一向に差支えないのであった。結局、メモランダムの趣旨は徹底せず、貸座敷業が接待所、娼妓が接待婦と名前が変ったに過ぎなかったのである。

金の卵を産む女たち

集娼政策をとる警視庁が、公娼廃止のメモランダムを検討して、発見した抜け道は、「生計の資を得る目的をもって、個人が自発的に売淫行為に従事することは禁じない」という一項だった。つまり「個人が自発的に商売することは構わないのであるから、接待婦が接待所に自発的に入って、自発的に商売すれば覚書違反にならない」という強引な解釈を下したのである。一応、内務省警保局の了解を得ておいて、ＧＨＱにお伺いをたてた。担当官のザコネ氏は「疑問はあるが、まず差支えないだろう。今後は厳重に監視することを条件に認めよう」と答えた。

警視庁がこういう態度だったから、メモランダム直後、前借や時借り（店に出てから衣服費・食事代などで借りたもの）の証文を巻いても、実際に郷里に帰った女の数は至って少なかった。吉原の場合は僅か六人であった。業者にいわせると「帰る家のないものや、帰っても食うことができないのが大半だから、公娼廃止になっても、女たちは残らせて自発的に商売させてほしいと頼んできた。親代りになって置いてやったのだ」ということになる。

それも一理ある。他に行くところがないから、衣食住がまがりなりにも確保される売春地帯にもぐり込んだといえよう。しかし、それよりも、重要なポイントは、業者たちにとって女たちは、〝金の卵を産む牝鶏〟だから手離そうとしなかったまでのことである。カメに証文を入れて土中に埋めた業者の話は、多少の差こそあれすべての業者の心の中に巣食っていた心理であった。軍事裁判が恐しいから保安部長通達以後は、表立って前借でしばることはやめるようにはなったが……。

メモランダムが出され、各地で違反業者の摘発が行われたが、女の数は次第に増えていった。二一年九月、警視庁は管下集娼地帯の実態調査を行ったが、各所とも大幅の増加をみせていた。現在、この資料は警視庁に残っていないが、吉原の組合の記録によると、業者六八軒、女は三百一人になっている、同組合の記録で、同年一月一五日の解散式に集った業者約三〇人、女ざっと七〇人であったのと比べると、驚嘆に価する〝成長率〟ではある。

〝需要〟が殺到したのである。吉原がR・A・Aの慰安所になっていた当時でも、やむにやまれぬ欲求の連中が、こっそりと足を運んだ。〝ビフテキのあとにお茶漬〟といった気分で、女たちには、〝国産品〟を歓迎し、いわば〝国際的まわし〟をとるものも少くなかった。さすが、一軒に一晩一人か二人しかあらわれなかったが、この抑えつけられた〝性〟が、オフ・リミッツとともに爆発的に接待所通いをさせたのであった。

それは吉原をはじめ、全国いたるところでみられる現象であったが、人気の筆頭はやはり吉原であった。二一年九月の警視庁の実態調査を集録している神崎レポートによって、〝廓ブーム〟の一端をのぞいてみよう。神崎氏は「長者鏡五人嬢」と名付け、稼ぎ高ベスト・ファイブを紹介している。

かね本のM子	二万六千四百六十円
鶴の家のS子	二万五千三百四十円
えびすのK子	二万一千九百六十円
正金のT子	二万一千五百円
〃	二万七百円

さらに、神崎氏は「右の五人娘を筆頭にして、一万円以上の収入者が四八人あり、稼ぎ高の総計が百七三万七百六六円三〇銭に達した。一人平均五千七百五〇円五銭。大の男が五百円ベースとか、七百円ベースとか騒いでいたころの五千七百円であって、いかにインフレのあぶく銭がヨシワラの町に流れ込んでいたかを証明している」と説明している。

特攻隊生き残りが、飛行服に半長靴・純絹の白マフラーもいきな格好で、ヤミで稼いだ金を握って女を抱きにくるケースが多かった時代だ。バラックにボロをまとった〝おいらん〟の果てであっても、虚無感にとらわれた若者たちにとっては、柔肌の中にのめり込む甘い陶酔だけが、僅かな慰めであったのだ。

女体のピンハネ

こうして、業者の懐ろはふとる一方であった。現に、二二年度に吉原の業者百四〇軒が納めた税金は、総額五千万円に達している。しかも、浅草界隈での長者番付では、接待所の経営者たちが一位から三位まで独占する鼻息だった。業者は女体のピンハネで懐ろを肥やしていたのである。

だから、メモランダムが出たとき、業者たちが心配したのは、売春ができなくなることそれ自体よりも、いったい女からピンハネすることができるかどうかにあった。できるとすれば、どの程度であるか、業者の会合の話題はそれであった。その疑問に答えて、警視庁では再三、玉割り（業者と女の配分率）の指示をしているのであるが、その前に、参者として明治初年以来の玉割り状況を調べてみよう。

明治初年のものと思われる吉原の記録によれば、娼妓の稼ぎの配分法は九対一の比率であった。泊り五円の料金のうち、おいらんの手取りは僅か五十銭にしかならない。なぜ、そうなるかといえば、次のような具合に配分されるからであった。

①小間物代（布団、敷布、枕カバーなど）	一円五十銭	楼主	三割
②返済金（前借に対する）	一円二十銭	楼主	二割四分
③お内所（楼主、やりて、新造、牛太郎への割前。及び税金）	一円八十銭		三割六分

④小遣い　五十銭　娼妓　一割

まさに驚ろくべきピンハネ率であった。明治のおいらんは、戦後の娼妓と違って格式がやかましく経費も尨《ぼう》大なものであったにしても、一割とは完全な〝奴隷労働〟である。しかも、その五十銭だって、現実には女のものにならない仕組みになっていた。着物を仕入れたり、化粧品を買ったりすると楼主たちはさっさと立替えてくれるのだが、これが〝時貸し〟とか〝帳貸し〟とかの名目で、玉割りのとき差引かれるのである。この着物や化粧品にしても、楼主が決った業者から口銭をとって市価よりも高いものを押しつけるのだから、おいらんの借金はかさむ一方だった。

普通おいらんというのは、四年で年季奉公が明けるのだが、この借金のため、たいていは〝年超〟といって、さらに二年延期されていた。あまりの辛さに自由廃業を思い立って警察に泣き込んでも、警察は常に力の強い方の味方の時代。年超がある限りどうにもならなかった。もっとも、玉割りそのものは、次第においらんに有利になっていった。一割から二割三分、二割五分から四割と、婦人の地位が向上する歴史の流れとともに、女の取り分も増えていった。

さて、業者から相談をうけた警視庁では、とりあえず、昭和二一年一月一二日の保安部長通達で「業者の取り分百分の五〇以下」と指示し、二月になると、白石保安課長自ら、各業者たちに「食わせて逆四分六」にするよう申し渡した。接待所では、接待婦が〝自発的に売淫を行っている〟建前だから、女たちは店の設備費・部屋代・食費など、一定の金額を店に支払えばいいわけだが、計算の便宜上、かせぎの四割を業者に差出せば、あとの六割はまるまる自分のポケットに入る仕組みなのである。警視庁が玉割りを指示するなど、今日の常識ではナンセンス極まるが、幾百千年も続いた公娼制度崩壊の過程からみると、このときの逆四分六は、むしろ女の立場を守る勇断ともいえる。

大部分の業者は、首をかしげたが「下手に騒いで営業そのものを禁止されては元も子もない。まあ、不満だが……」と引下った。ところが、いざそれでやってみると、業者はしかめっ面せざるを得なかった。女の取り分が、みるみる肥って行くのである。客は後から後からつめかけてくるから、女の貯金は増える一方だが、業者たちの儲けは思わしくない。

その後、警視庁の干渉がゆるんできたのに乗じて、業者たちは玉割りを少しずつ変えていった。良心的な店で五分五分、店によっては四分六と配分率を逆転させたところも出てきた。これについて、吉原の鈴木明元組合長や数人の業者が集った席上で、事情をきいてみると、大要次のような話であった。

吉原の業者は、戦後ひどい目にあった。慰安所をやっていたときは、進駐軍の兵隊にめちゃめちゃにされた。これはどこの地区でも同じだったと思う。金を払わずに遊ぶ兵隊の数が、非常に多かった。金を払わないのならまだしも、注意でもしようものなら、いきなりピストルをぶっぱなして、逆に金を巻き上げて行く奴がいる。かと思えば、サービスの仕方が気に食わないといっては、片っぱしから部屋の中の備品を放り出し、障子やフトンをひき裂くなどの暴れ方だ。それをみて、おろおろしている女をなぐりつけ、業者を蹴飛ばして出て行く兵隊もある。まあ彼等にしてみれば、戦争に勝って、御機嫌で、かねてきいていたヨシワラにやってきたところが、焼け跡のバラックだったというんじゃ、頭にもくるのでしょう。だからといって、やられる側はたまったもんじゃありません。

それが終ってホッとしたら、こんどは年季証文を破き、借した金も棒引きにして、何人もの女を国元に帰した。かさねがさねの損害のうえ、食わせて逆四分六じゃ、とてもいままでのアナを埋めることはできない。どんな商売だって、どこかで損害を補うところがなければ成り立つわけがありません。

それに考えてごらんなさい、あの時代がどんなにひどい食糧難であったか。私たちはエンゲル係数がどうだということは知らないが、どこの家庭だって、収入のほとんどを食費に当てていたじゃありませんか。それでも足りない部分は、タケノコをしていたでしょう。不穏当な表現かも知れないが、業者にとって女たちは大切な〝商品〟です。体を使う商売だから、食べるものだけは食べさせないと病気になられ、結局損をするのは業者たちになる。だから、自分たちは食べなくても、女に食べさせていた業者もあるくらいだ。

……で、もう少し業者の取り分をふやしてもいいのではないか、ということになり、折半とか、四分六とか配分率を引上げたんですよ。私たちは女の子から五割頂く、つまり折半なら決して搾取ではない、といまでも確信していますよ。

玉割りの引上げは、吉原だけではなく、他の地域にも波及していった。物価のうなぎ上り、ことに食糧の値上りを前に、警視庁はみてみぬふりであった。しかし、損をしてつぶれたという店は、この商売に限ってはまったくなく、逆に、どのシマも急ピッチで復興していったのである。

赤線の誕生

業者のめざましい復興ぶりと、反面、取締り強化を指示してくる占領軍当局の間に立って、警視庁はハムレットのように思い悩んだ。占領軍の命令に忠実であろうとすれば、現実にそぐわないし、集娼政策で業者の意を迎えようとすれば、GHQが恐ろしいというわけだ。しかし、何とかしなくちゃいけないと、考え出したのが、再び看板を塗りかえることだった。昭和二一年一月、慰安所・慰安婦を接待所・接待婦と呼び変えたばかりなのに、同年九月二日には「接待所慰安所等の転換措置に関する件」という通達で、接待所を特殊飲食店に、接待婦を従業婦と呼び変えた。実体の変らないのはもちろんである。表現はどう変ろうと、警視庁が集娼を温存しようとしたのは事実である。

そして、これが二一年一一月四日の次官会議で、戦後売春史中の中軸をなす〝赤線〟として、その性格をはっきりさせるのである。この次官会議の議題には「終戦直後の非常事態に対処する特異措置」というものがあったが、その中に公娼廃止後の風俗対策があった。その決定は

①売淫を目的とする一切の雇傭契約並びに金銭消費対策の無効である事を一般に徹底する事。

②地方長官は売淫の常習者で花柳病伝播のおそれある者に対して定期又は随時に健康診断を行い、伝染病患者に対し、強制治療を命ずることが出来るものとする事。

備　考

社会上やむを得ない悪として生ずるこの種の行為については特殊飲食店等を指定して警察の特別の取締りにつき、且つ特殊飲食店は風教上支障のない地域に限定して集団的に認めるよう措置する事。

前号特殊飲食店等の地域に於ても、接客に従事する婦女は酌婦又は女給等の正業を持たなければならないものとする事。

次官会議の通達に基いて、警視庁では吉原・新宿・洲崎など、従来の集娼地域を指定地域として赤線で囲んだことから、公娼地区、私娼地区を総称して、赤線地域と呼ばれるようになった。女たちは特飲店で表向きは〝女給〟として〝正業〟についていることになったのである。以来、彼女たちは、女郎という名で呼ばれることなく、公式には従業婦、一般には女給とか特飲女給、さらに〝青線〟ができてから区別するため〝赤線女給〟というようになつた。営業が保証された業者は、安堵の胸をなでおろしたが、同時に、新しい経営法に頭を悩ましたものであった。吉原の元業者は、当時の模様を、次のように述懐している。

飲食店という名称で、大衆のセックスの慰安場所が営業できる——とわかると、気の早い人はすぐ改築にかかった。なにしろ、表面はあくまでも飲食店であって、売春宿ではないのが建前だから、テーブルや椅子を並べ、調理場まで設けなければいけないのだろうか。酒やビールなどの飲食物を揃えなければいけないのだろうか……と、考えたのだった。組合でも、そうした点はよくわからないから、とにかく、ホールを作ったり、テーブルを並べたりしておけばいいのだろうということだった。

売防法で赤線の灯が消えた当時、都内のどこの赤線に行ってもみられたような、利用されない入口のところのホールは、こうしてできたのであった。この騒ぎの中に誕生した都内の〝赤線〟は一六カ所であった。

			昭和23年	昭和24年	昭和25年	昭和26年	昭和27年	昭和28年	昭和29年	昭和30年	昭和31年	昭和32年3月末
		業者	五八六	九四一	一、〇一八	一、〇八三	一、一四二	一、二四五	一、二三二	一、二二四	一、二〇三	一、〇九二
		従業婦	一、七六九			三、四一九	四、四五四	四、〇四八	四、三〇六	四、四九七	四、二七七	三、七六二
北品川	品川	業者	一〇	九	九	九	九	一〇	一〇	一〇	一〇	六
		従業婦	五七			六九	七三	八二	八〇	七〇	七五	四八
新田	池上	業者	三三	三二	三三	三四	三六	三六	三八	三八	三七	三五
		従業婦	七七			八九	一一二	一〇九	一一九	一二六	一一七	一〇三
新宿	四谷	業者	一二	六八	七〇	七四	七四	七五	七五	七五	七五	七〇
		従業婦	四四			四五九	四七七	四六四	四五三	五二〇	五二四	四五一
新吉原	浅草	業者	一一八	二三〇	二六八	二九一	三一三	三一九	二九三	二九八	二九六	二六四
		従業婦	四〇五			八九八	一、四八五	一、一四八	九七三	九五七	九七〇	一、〇八四
千住	千住	業者	二九	四六	四七	五〇	五二	五三	五四	五四	五一	四八
		従業婦	六五			一九九	三二一	二四〇	二四六	二五三	二三三	一七九
洲崎	深川	業者	一二	六七	七九	八八	一〇八	一一二	一一四	一一三	一一〇	九五
		従業婦	三六			四三六	五〇五	五二六	五一五	四九八	四七一	三八二
亀戸	城東	業者	五二	六三	七七	八六	九二	九二	九二	九二	九〇	八四
		従業婦	一四九			二四五	三〇七	二九二	三一五	三五五	三二四	二五二
向島（鳩の街）	向島	業者	九六	九七	一〇〇	一〇八	一〇八	一〇八	一〇七	一〇八	一〇七	九六
		従業婦	二三八			二三八	二九八	二九八	三〇四	三二九	三一五	二四四
玉の井	向島	業者	八三	九九	一〇二	一一〇	一一八	一二二	一二二	一二一	一一九	一〇六
		従業婦	二〇九			二三八	三六九	二九一	三四五	三六三	三三四	二七五
亀有	亀有	業者	四二	四三	四五	四五	四三	三九	三六	三六	三四	三〇
		従業婦	一五二			一七一	一八〇	一五〇	一五五	一八〇	一四五	九四
立石	本田	業者	四一	四八	五〇	五一	五一	五四	五四	五四	五二	四九
		従業婦	一〇四			一二二	一二二	一四一	一四五	一四三	一四二	一二二
新小岩	小松川	業者	五八	七七	七九	八〇	七九	七九	七九	七九	七八	七一
		従業婦	一〇一			一四三	一八八	一九〇	一七一	二〇七	一九七	一六五
東京パレス	小岩	業者	一	六二	五九	五七	五九	五六	五七	五六	五七	五五
		従業婦	一三二			一二三	一一八	一一七	一三〇	一二九	九七	六〇

〔註〕 昭和二四、二五年の従業婦については記録がない。

二九～三二年の業者、従業婦総数のなかには八王子、立川、調布のそれぞれを含んでいる。

三二年四月一日から売防法の更生保護規定が施行された。

品川	（品川区北品川一丁目の一部）＝戦前の貸座敷（いわゆる遊廓）東海道品川宿の女郎屋が前身。
武蔵新田	（大田区矢口町の一部）＝旧接待所。昭和一九年一月一〇日、元洲崎貸座敷が石川島造船所工員寮として接収されたため、一部が穴守に接待所として開業。さらに二〇年七月一九日飛行場拡張のため立退き、移転した。
新宿	（新宿区新宿二丁目の一部）＝旧貸座敷。甲州街道内藤新宿の女郎屋が前身。戦災で全焼。
新吉原	（台東区浅草新吉原江戸町一、二丁目、京町一、二丁目、角町、揚屋町）＝旧貸座敷。戦災で全焼。
千住	（足立区千住柳町の一部）＝旧貸座敷。陸羽街道の千住宿の女郎屋。大部分が戦災を免れたため昔風の女郎屋スタイルが残っていた。
洲崎	（江東区深川洲崎弁天町二丁目）＝旧貸座敷。根津権現から明治二六年移転したが戦時中全廃。昭和二一年二月二日復活したが地域は半減した。
亀戸	（江東区亀戸三丁目の一部）＝旧私娼地域。浅草一二階下の私娼が大震災により移動した。戦災で全焼、二〇年一一月一五日復活。
玉の井	（墨田区寺島七丁目、同隅田町四丁目の一部）＝旧私娼地域。戦災で全焼、二一年一月一八日復活。
鳩の街	（墨田区寺島町一丁目の一部）＝罹災した玉の井業者の一部が移転。二〇年七月一〇日。
亀有	（葛飾区亀有四丁目の一部）＝前に同じ。二〇年八月二六日。
立石	（葛飾区本田立石町の一部）＝亀戸の罹災業者の一部が移転。二十年八月一九日。
新小岩	（江戸川区西小松川二丁目の一部）＝前に同じ。二〇年八月一九日。
東京パレス	（江戸川区小岩三丁目の一部）＝前に同じ。二〇年一一月二八日。
八王子	（八王子市田町の一部）＝旧貸座敷。甲州街道八王子宿の女郎屋が前身。戦災を免れたので広大な建物で営業していた。
錦町	（立川市錦町の一部）＝洲崎の立退き業者の一部が開業。一九年一月一〇日。
羽衣町	（立川市羽衣町の一部）＝右に同じ。待合も接待所に切替えた。一九年八月六日。

〔註〕昭和二五年、調布市に赤線地帯ができ、都内の赤線は一七カ所になった。調布宿の女郎屋の復活だったが、三一年にトップを切って消滅した。

その概況を（一〇〇頁表）とともに次に紹介しよう。

次官会議がこのような決定を行ったのは、一定した集娼政策のほかに激増するヤミの女（つまりパンパン・ガール）に対する処置であった。焼跡に立ち、焼けビルの中で春をひさいでいた彼女らは、国際性の梅毒・淋病・軟性下疳・第四性病といった性病を、せっせと街にバラ撒いていたのである。

当局は、GHQのX大佐がいったように〝性病の巣〟であるこれらの女性に近づくよりは、〝比較的安全〟な集娼にセックスのはけ口を求めさせることによって、気違いのような性病の増加をせき止めようとしたのである。こうして、戦後売春史の二大主軸をなす赤線と街娼は、微妙なからみ合いの上にスタートしたのである。

鼻息の荒い業者

おいらん道中

吉原業者の集り「新吉原カフエー喫茶協同組合」が、由緒を誇る吉原のおいらん道中を再現してみせたのが昭和二四年四月であった。このおいらん道中は、廃墟の中から赤線が復興し、全盛期を迎えつつあった業者たちの鼻息の荒さを示すものとして、記憶に残る出来事であった。売春等取締りの都条例が公布される直前のことで、一連の取締り強化に反抗してのデモンストレーションでもあった。鈴木明元組合長ら幹部にきいた当時の模様をまとめると、

戦争が終ってから三年、ようやく世の中が落着いて、吉原もどうやら、〝復興〟したのでこの際〝吉原風俗〟を代表するおいらん道中をやってみたらどうか、という希望がみんなの間から出たんです。

それは、昔から伝わる吉原独特の情緒を再現して、都民の皆さんに見てもらおう。外国の人もたくさん日本にきているのだから、吉原というよりも、日本独自の伝統あるひとつの芸術を披露したら、大きな観光事業になるのではなかろうか。それがあわせて新しい吉原の繁昌にプラスとなるのではなかろうか――といった文化的な考え方にもとずいた希望でした。

そして、結局、〝よし、やってみよう〟と相談がまとまり、準備にかかったんです。歌舞伎関係の方々にも来ていただいて、いろいろと〝時代考証〟などをお願いしたりしましたが、やっぱり主役であるおいらんは、吉原の女の子が勤めなきゃあ意味がないということになりました。そこで〝おいらん役求む〟と募集したところ、たちまち十数人の応募者がありました。

この応募者の中から二人のおいらんを選び出した。なにしろかつらだけでも二貫目、衣裳やら何やらで十貫近い〝重装備〟なだけに、選ばれた二人は群を抜いたグラマーであった。小柄で柳腰の楚々たる女が理想とされた江戸時代の代表的美人とは、ちょっと趣きが違うが、やむを得ぬ仕儀ではあった。

選ばれたおいらんは、おいらんになり切るため、毎日毎日猛稽古をはじめた。頭をしゃっきり保つだけでも苦労だというのに、体をがんじがらめにしたような衣装の裾さばきから、重量挙げのように疲れる木履をはいての〝おいらん道中〟なのである。一足歩いてはよろめき、二歩進んでは嵐のような息を吹くといったありさま。こうして、一カ月余にして、ようやくおいらんぶりも身についたのであった。

猛訓練をしたのは、おいらんだけではなかった。おいらん道中といえば、先頭に金棒引きが立ち、続いて提灯持ち・かむろ・太夫・肩かし・傘持ち・新造・最後にやりて婆という具合の編成で、このうちかむろは四人、新造が二人だから、二人のおいらんを含めて、二組で二四人が合同訓練をしたことになる。この期間中、おいらんなどは昼間の疲れで、夜の商売はあがったりという状態だったが、名誉のため、業者ともども損得ぬきに力こぶを入れた。衣装代をはじめ諸雑費を含めると、ざっと当時の金で百万円の経費がかかったが、それほど吉原の業者のデモンストレーションに対する熱意は高かったわけだ。

おいらん一行は二組になって、組合事務所から、吉原の大通りである仲の町大通りを一巡してから京一・京二・角町・揚屋町・江戸一・江戸二の六カ町をつぎつぎと練り歩いたが、吉原中が立錐の余地もないほどの大盛況だった。予想通り、青い瞳のお客さんたちもたくさん集った。

しかし、吉原の業者たちは、このおいらん道中を年中行事としてやることはしなかった。それが、決して得をしないことに気付いたからである。費用の百万円は、当時の金としては大金ではあったが、ようやく復興成って全盛期を迎えた吉原の業者にとって、それほど苦痛ではなかった。質量ともに全国赤線のメッカであると自負する吉原としては、必要であったら出し得た金のはずであった。

しかし、業者はおいらん道中を見にくる客と、現実に女郎を買いにくる客とは、全く無関係であることに気付いたのである。のみならず、セックスの開放時代を迎えて、宣伝をしなくても客がどんどんやってきたのである。「金をかけなくても儲かるものを、大金を捨てなくてもいいだろう。吉原は遊覧地ではなくて、遊廓そのものだから……」という意見もあった。遊廓そのものの吉原が、遊廓に縁もない人を集めて、〝売春地帯〟への関心を強めなくてもいいとの考えもあったのである。

近代的赤線の新宿二丁目

吉原がおいらん道中に血道を挙げているころ、全国各地の赤線も着々と全盛期を迎えていた。都内の赤線の横顔をのぞいてみると——。

吉原と並んで、むしろ吉原をしのいで、赤線のAクラスに進出した新宿二丁目は、戦後、逸早くドレスを着て、女郎から女給へ文字通りの衣替えをしたのであった。山の手という土地柄で、客はサラリーマン・学生・芸能人・スポーツマンなどが多く、名士に毛の生えたような人種も珍しくなかった。

女給も斜陽族とか自称専門学校卒などがはばをきかせ、部屋に上ると哲学書とか美術書とかが置いてあった。電蓄のレコードも、当時売り出しの美空ひばりよりも江利チエミとか雪村いずみのものが多く、彼女たちの好きな曲は「テネシー・ワルツ」であった。しかし、その反面「ここぐらい情がないところはない。上ッ調子な、一番悪い近代感覚を身につけた肉体の不夜城以外になにものもない」といった悪評が一部にはあった。

業者の経営方法も、ガメつさが身上であった。店を全国に先がけて株式会社組織にあらため、〝法人組織の赤線〟として名を売った。業者同士が団結して〝玉の買出し〟に出かけたり、チエーン・ストア・システムで吉原と女給を交換したのもここだった。女給交換は人身売買をごまかす手口ではあったが、同時に、女給を何回も〝初見世〟としてつき出し、高い料金をとっていたのであった。

昭和二七、八年ごろには〝自家用車をもった特飲女給〟というのがあらわれ、「文芸春秋」に取上げられたりした。その女給を〝試運転〟してみたいという客が押寄せたりして、ちょっとした二丁目ブームを作ったが、それはどうやら噂だけだったらしい。しかし、そんな噂も決して不自然ではなく、月平均七、八万円、最高二〇万円ぐらいの稼ぎがある女給が揃っていたのである。

もっとも、ここは半分が赤線で半分が青線であった。青線の方は勝手に赤線類似営業をはじめ、警察もいつの間にか知らぬ顔をするようになった。

新宿とは反対に、通ぶっては絶対にもてなかったのが洲崎である。ここは二四年ごろからようやく完全に復興し、三〇年前後に全盛期を迎えたのだが、戦前と同様、船員とか工員、職人が多く、女給たちも、彼らの気っぷに慣れていたからであろう。彼女らは、〝回しの洲崎〟といわれるほど、派手な回しのとり方をしていたが、代々雪国新潟の出身が多いのが特徴で、情が深いのも売りものの一つであった。金六万円ナリの退職金が新聞紙上をにぎわした保安隊発足当時、その保安隊さんと洲崎女給の結婚が話題になったのも、情の深さが原因であった。彼女は貧農の娘で、父親の手術費を捻出するため、自ら先輩を頼って洲崎に飛込んできた孝行娘。気立ても良く、〝真面目に客にサービス〟しているうち、たまたま彼女の部屋に上った保安隊氏が、誠心誠意の彼女のもてなしに喜び、同時にその境遇にすっかり同情してしまった。同情で通っているうち、間もなく、それが愛情にかわって結婚したのだという。

安さが売りものの玉の井

戦後の玉の井には『濹東綺譚』の情緒はなくなってしまいました。もう、あのヒロインのような女性は、玉の井といわず、失われた性格となったのでしょう。だから、玉の井は安いのをモットーに営業していました。三〇年ごろでも泊り千円、時間三百円ぐらいでしたから、新宿の半分ぐらいだったんじゃないでしょうか。

とは、元副組合長の安藤信雄さんの話である。安藤さんは映画『濹東綺譚』の時代考証を担当したことのある玉の井の草分けでもあった。安藤さんの話では、戦後の玉の井は地理的条件から工員が多く、常連が決った女給の許に通ってくるというケースが目立っていたという。文士・芸能人の類いはスッカリ姿を消してしまっていた。

余談であるが、玉の井に有名な〝抜けられます〟の標識は、戦前の玉の井の業者で、戦後は亀有組合長で〝全性の智恵袋〟といわれた山口富三郎氏が考案したものであることがわかった。

山口氏にその間の事情を、つぎのように聞いた。

当時（戦前）玉の井には五百軒にも娼家が増え、新築、増築で道路がだんだん迷路のように狭くなった。そこで、何とかしなければ困ると考え通り抜けられるところに〝この道抜けられます〟と標識を出し、通られては困るところに木戸をしたわけです。それともう一つの意味は、この暗い迷路のような人生の裏街に生きる女たちに〝いつかはキミたちもこの道から新しい幸福を求めて巣立ってゆく。この道はアナタたちの新しい門出への道であり、人生という大道へ抜ける一つの道でもある〟ということを意味していたんですよ。

同じように、安値なお値段が売りものだったのに亀戸がある。二七年ごろのある女給の一日の金銭出納簿をのぞいてみよう。（「女たちの生活」一六〇頁参照）

○収入　ショート二人六百円（手取り二百四〇円）。時間一人五百円（手取り二百円）。
　泊り一人千三百円（手取り五百二〇円）

○支出　鏡台月賦八百円。サック代二ダース三百円。焼イモ代三〇円。夜食のソバ代五〇円。
ひところは洋パンくずれが多いとの評判をとったのも、R・A・A時代黒人兵が殺到した地域であることを考えれば納得がいくことであろう。

年増の多い品川

「品川ってとこは、昔の宿場女郎気分と、都会の場末的雰囲気のミックスした、一種異様の人肉市場だよ」。

品川通はこう評していた。全国各地の赤線が年毎に繁栄し、増築改築が相次いでいる中を、ここだけが後退現象を示していたのである。一〇〇頁の一覧表をみればわかるように、二三年に一〇軒だったものが、二七年九軒、三二年三月（赤線廃止の年）六軒と減っている。伊藤博文、井上馨など明治の元勲たちが遊んだその昔、五二軒三百五〇人からの女郎がいたという全盛はしのぶべくもない。ただ、往時の名残りを伝える店構えの建物が二軒あり、好事家を楽しませていたが、僅かの店が商店街の中に散在しているだけなので、注意していないと、その前を通りすぎてしまうような赤線地帯ではあった。シマの雰囲気が地味であるところから女給も年増が多かった。しみじみと遊ぼうという通人には、テクニックの限りを尽して……という女もいた。

同じ宿場女郎上りでも、品川と千住は雰囲気が違っていた。客種は農夫・工員・地元のヤクザたちで、「千住署管内で何か事件が起って与太者が捕ると、必ず若い娘が差入れにくる。おや、と思ってみていると、その殆んどが柳町（赤線のあった町名）の女の子であった」といわれていた。

吉原や玉の井から落ちぶれてきた女が多かった。病気は治ったが足が不自由になった女、赤線に身売りしたものの客付きが悪く吉原などには居付かれない女、吉原や玉の井で稼いでいたが年をとって商売が上ったりの女など……。

「お客さんのがらが悪いため自然に女の子の口も悪くなるので困ります」と組合の幹部たちは嘆いたりしていたが、二七年ごろまで「あんら、乗用車だねエか、乗用車のあんたア、ちょっと軍から下りてちょっくらここまで来てくんろよ」「おらまだ乗用車ちゅうものに乗ったことねエだ。乗せてくんろ。そうしたら、おらには割引きで乗せるだからよオ……」といった手合いも多かったのである。

新小岩・立石などの新興売春市場なども、工員が多く、ガラの悪いのも似ていた。ただ、この二つの赤線の場合、同じような条件で発足しながら、交通の便がよいというだけで新小岩の方が（国電新小岩駅から七百メートル）成長率がいいので、立石側では二七年ごろ女給に舞踊を習わせ発表会などをしたがあまり効果のないことを知って、間もなくやめてしまった。赤線はやはりズバリ女を売るものであって、ベッドに至るまでのプロセスに、豪華で楽しいムードを作り出すのならともかく、それと関係のないものは、一切効果のないことは、おいらん道中と同様であった。

食欲のすすむ亀有

通人の間には亀有を愛好するグループもあった。この赤線の裏手は田圃で建物もその埋め立て地に建っていたのである。夜ともなると誘蛾燈が明滅するように、あちこちにネオンが闇の中に浮かび、蕩客の心を淋しがらせるのである。「秋など、そぞろ人の肌恋しきときは、それだから店の女の子がたとえ不美人であっても、しっかり抱いて、肌で暖め合おうという気になる」というのであった。

上野あたりで、「吉原にやってくれ」というと「旦那、ナカに行くくらいなら、ちょっと足を伸ばして亀有に行ってみませんか。半額でＯＫだし、ジックリ楽しめますぜ」と誘う運転手もあったくらいである。事実、亀有は地理的条件から付近の農村青年とか工員が圧倒的に多かったから、都会的センスのある男性が行くと大いにもてたものである。その大もて組から亀有通になった通人の話は、次のようだ。

亀有ってところは、大いに性意がすすむところなんだ。普通、最初に一回、一休みして一回で、ユックリ眠って、翌朝、目が覚めたところで一回というところだが、ここにくると、大体倍以上にはなる。あそこは埋立て地なので、地盤がやわらかい。そこにもってきて、夜の夜中、常磐線が長い長い貨物列車を走らせるから、部屋が地震のように揺れる。そこで目が覚めるから、ついでに……となるんでね。

鳩の街の名物婆さん

『濹東綺譚』の玉の井の人気が、『春情鳩の街』に移ったのは当然であった。鳩の街は戦争中産業戦士の慰安所から出発しているが、戦後は近代感覚を売りものの若い美人を揃えていたからだ。平均年令二一、二才という新鮮さが、赤線ずれをした人たちの食欲をそそったのである。しかも、この土地は新宿二丁目の〝近代性〟と違って、ウェットなムードがあった。

私は廓《くるわ》に咲く花よ。泣いて別れた両親に、月が鏡であったなら写しみせたいわが心……

毎夜、赤線の中を流して歩き、遊女の歌を哀調こめて歌い続け、遊客の人気を呼んでいた名物婆さんがいたのも、鳩の街なればこそであった。彼女の名は広瀬ふじ。赤線の灯が消えた今日、どこでどうして暮しているかわからないが、生きていれば、ことし七一才になっているはずである。

彼女は二三年ごろから、白髪に手垢で黒く汚れた手拭をかぶり、十年一日のようにホコリにまみれた袷姿で、雨の日も風の日も〝どん底〟に生きる娘たちの中を流して歩いていた。きくところによると、彼女自身、過去は女郎をしていたという。

新潟県の貧農の娘。八人弟妹の長女であったから、小学校にもゆけず、一二才のとき子守奉公に出された。一六才のとき、見も知らぬ男に連れられて、籠の鳥として女郎に叩き売られた。夜毎に一夜の夫と枕をかわす苦行に、何度も逃げ出した。しかし、家に帰ってはみたものの「家のため辛抱してくれ」とだけしかいえぬ無気力な父親、それをみてポロポロ涙を流す母親の悲しさ……そうして、彼女の涙がかわかぬうち、いつも店の用心棒が連戻しにやってきたのであった。

三年。とうとう、我慢ができなくなって、着のみ着のままで飛出した。こんどは家には帰らず、長野県上田のある料理屋に住込んだ。幸い追手から逃れられた彼女は、真剣になって働いた。その姿をみて、若い男がプロポーズした。いまの夫、孝さんである。

結婚生活は幸福だった。世の中も、日露戦争・第一次世界大戦・満州事変・中日戦争・太平洋戦争……と、めまぐるしくかわった。ところが、そのうち、彼女は自分の肉体が恐ろしい梅毒に侵されていることを知った。女郎時代の悪夢が、再びやってきたのであった。治療も今日のようにいかない時代である。遅々として、治らなかった。そして、戦争はすべての経済的基盤を奪ってしまった。

孝さんは転々とした後、都清掃人夫の定職にありついたが、薄給では一人分の生活にも事欠くありさまに、ふじさんは美声をうたわれた昔を思い出しながら、盛り場の艶歌師となったのであった。

　ところも知らぬ名も知らぬ、嫌やなお客も嫌らわれず、夜毎に交わす仇枕、

　これもせつない親のため……

　いつしか、彼女のうたう歌は、決ってしまった。彼女の苦しみと悲しみの実感がこもっている歌いぶりに、多くの店から女給たちが顔を出して聴きほれた。一緒になってきく酔客もホロリとして、十円、百円のお金を、おできだらけのふじ婆さんの手のひらにのせたという。

　感激した客の中には、凶悪強盗もいた。当時、東京の医者仲間を戦慄させた〝患者強盗〟事件というのがあった。その犯人、山本銀次郎という男が、捕ったとき洩したところによると、前夜切々たる哀愁のこもった彼女の歌をきき、胸をしめつけられる思いがしたという。「オレはとんでもないことをしでかしてしまった。そうだ、罪を洗い落さなくては……」それが年貢の納めどきだったという。

一晩一万円ナリ

　ともあれ、全盛期の昭和二四年ごろから二七、八年まで、赤線業者の鼻息はすさまじいものがあった。中では、一夜一万円ナリの超デラックスの店の出現と、池上本門寺の近くに進出した赤線問題は、都民の度胆を抜きそれぞれ赤線への関心を昂めたのであった。〝一万円の赤線〟といわれたのは浅草吉原の「ロビン」であった。〝社長〟の桑原氏は、この道では立志伝中の人物と評判されるひとかどの人物。〝踊れて、食べて、

遊べる——大人の娯楽の殿堂〟というのが、少年時代から廓に育った桑原氏の年来の夢だった。

その夢が実現したのは、二七年七月二四日。一階のホールには、七人編成の専属バンドに、二百人からのダンサーが踊りまくる華々しい幕あけだった。二階の赤線は、六畳三畳の二間続きに、下駄箱から風呂までついているという一戸建の部屋どりで、それが〝三二戸〟もあった。その部屋の入口には、表札がわりに絵の好きな桑原氏の発案で、国貞・春信・広重といった浮世絵師の絵と名前入りの提灯をぶらさげたのである。四つの洋間にはミレーだとかダビンチという名がつけられた。

こうして、施設が出来ると、桑原氏は全国の主要新聞に〝デラックス・キャバレー夢の吉原に誕生。近代女性求む〟と大々的な広告を掲せた。たちまち千余人の応募者があり、その中から、粒よりの美人二百人を採用、特に自ら赤線女給の方を志願した女性四〇人はそのまま全員が採用された。

「身元・年令・容貌・態度……すべてにわたって調査しました。何しろ、超デラックスが売りものなのですから、客の不快を買うような女の子とか、家出娘、ヒモ付などトラブルが起きるようなのは一人もいなかった」と桑原氏が自慢するように、たしかに粒よりが揃っていた。

客も一晩最低五千円、最高は一万円から一万二千円という料金でも、それにふさわしい待遇をうけたことから不満をいう者もなかった。逆に常連の社長族が多く、ある社長（四三）は当時を回想して、「ニュー・モード、銀座の一流店で仕立てた流行服をきて、どこのお嬢さんかと見間違うばかりの美人が、スペシャル・サービスをしてくれるのだ。一戸建の、外界と完全に遮断された、部屋の中だから、どんなサービスも自由自在だったし、ユックリ落着いて、お互いに十二分に〝性意〟を尽すことができた。話をしてもソツはないし、朝は朝で目玉焼にトーストぐらいは作ってくれるんだから〝一夜妻〟としてはまず完璧でしたね。いつも満足を得て帰りました」。

ところで、この大殿堂には、まず警視庁から横槍が入った。一階のキャバレーと二階の赤線とが同じ出入口でつながっている。一階はキャバレーそのものとしての営業許可をとっているが、二階は無許可営業として取締れるというのである。柔原氏はそれを無視して営業を続けた。大した鼻息であった。しかも、その鼻息の荒さは、開店五カ月目の一二月二四日、つまりクリスマス・イヴに、文化放送から〝実況中継〟を電波に乗せることに成功したのである。当時、経営不況であったとはいえ、また表面上はキャバレー「ロビン」がスポンサーであったにしろ、れっきとした赤線が放送に乗出したのである。その押しの強さ、政治力はおどろくべきものがあった。

当夜出演したのは古川ロッパ・森繁久弥・丹下キヨ子・高峰麻理子・生田恵子……といった、当時人気の高かったスターたちであった。「成功しましたね。いまならテレビを利用したんでしょうがねエ」と桑原氏はいうが、これがきっかけで、全国から〝見学者〟が上京してきた。そして、桑原氏は〝見学料〟として一千円ナリを申受けるというガッチリぶりを発揮していた。

この「ロビン」も、三二年一月三一日限りで店を閉じたが、このとき残った女給二十七人のうちバーの経営者になったもの七人、喫茶店の経営者三人、美容院経営二人、残りは結婚、帰郷などだという。また、開店当初から残っていたものが一〇人もいて、彼女らは最低百万円、最高四百万円の貯金をもっていたので、いざ廃業となってもあわてなかったようである。

きびしい世論の反撃

赤線が全盛期を迎えると、業者の中にはオーバー・ランするものも出てきた。武蔵新田の業者たちの「池上特飲街建設事件」を皮切りに「高田馬場湯の街事件」とか「王子特飲街」問題などが起きて世論のはげしい反撃を食ったのである。まず、池上問題が〝事件〟としてクローズ・アップされたのは昭和二五年の初夏のことであった。

池上特飲街事件

東京都大田区池上本町の住宅街からすこしはずれる本門寺近くの地内に、土地が区画され、建築用材がいつの間にか運びこまれた。ところがその規模が普通の住宅とは大分違っていることに気づき出した町の人たちは、それが、町内の中華料理店主ほか三人の名で、保健所に対し飲食店許可願が食品衛生法によって出されていることを、やがて知った。それが特飲街、つまり赤線区域の設置を計画するものであることはあきらかであった。

その場所は池上小学校からも、中学校からも、また都立大森高等学校からも、およそ三百メートル余という、ほとんど等距離の近くであったので、この三校のPTAが「目と鼻の先きに赤線をつくられてはたまらない」とばかり、反対運動のノロシをあげたのである。

話をもどして、なぜ武蔵新田の特飲街業者が、住宅地である池上に〝進出〟をはかったのか。だいたい、武蔵新田が〝女体を売る街〟としてスタートしたのは終戦直前の二〇年七月であったから、歴史としては浅い。当時の警視庁・憲兵隊・区長・区議会が中心となって、軍需工場に日ごと夜ごと兵器増産のため御奉公している産業戦士相手の慰安所をつくろうと、羽田の穴守で戦災にあった業者たち（この業者は洲崎で戦災にあい、疎開していたもの）に呼びかけてつくらせたのがはじまりであった。

武蔵新田はわずか「新田荘」というアパート一棟と、付属建物をもって営業をスタートしたわけだが、商売をはじめてみると、とてもアパート一棟だけの狭い揚所だけではあとから、あとからとつめかける客をさばききれない。業者たちが〝拡張計画〟を考えているうちに終戦を迎えてしまった。

しかし、国敗れても女体を供給する商買はなくならなかった。前項で紹介したR・A・A協会の発足がそれである。こうした動きを武蔵新田の業者たちが見逃すはずはなかった。昭和二一年二月一日、池田益太郎氏を代表者にして「新田慰安所指定地設定願」というものをときの警視総監藤沼庄平氏宛に出したのである。進駐軍相手の慰安所をつくるという〝願ってもないこの機会〟に〝懸案〟であった特飲街の拡張をやってしまおうというのであった。

これに対し、警視庁は同年二月九日付をもって許可し、武蔵新田は業者の希望通りの拡張が認められて営業のスタートをきったのである。

こうして進駐軍相手でスッカリ儲けた業者たちが、さらにもっと営業地区を拡大して、オフ・リミッツ後は日本人相手の〝本格的赤線〟として稼ごう、としたのが、池上進出計画の大きなる原因となったのである。進出を実際に計画した二五年初めの武蔵新田の〝勢力〟は業者三二軒、接待婦七八人（警視庁調べ）であった。

このような〝特飲街の進出〟を知った地元では「これは一大事である」とばかり、まず母親たちが反対運動ののろしをあげた。ついで、PTAから労働者までが反対運動に加わった。

しかし、地元の商店街は反対運動に参加することをしぶった。なぜならば、そうした歓楽街ができることによってよそから人が集まり、商店街に金を落してゆくであろうと考えたからである。

もっとも、武蔵新田の業者たちは、はじめから「特飲街をつくる」とは公表していなかった。

「カフエーとか料理店、旅館をつくり、町の発展に尽力するのである。年に一度の名物、本門寺のお会式のときは全国から多数の僧侶がやってくるから旅館はその宿泊用として使えば一石二鳥である」とPRした。

赤線業者は泣きどころを知っていたのである。反対運動は商店街の不賛成で、最初のつまづきにあった。商店街が不賛成では地元として反対運動の戦線が統一されない。そこで母親や主婦たちは、付近の小、中学校に通学している子供をもつ商店街の父親たちを口説いてまわった。すでに母親は反対運動に賛成している。だから母親つまり自分の女房と歩調をあわせてくれるように口説いたのであった。この作戦は成功した。

一方、PTAとか学校側の反対運動も、はじめはなかなかまとまらなかった。とくに武蔵新田小学校では「せっかくここからよそに業者が出てゆくというのに、そっちで反対されては元の木阿弥になってしまう。本校の大迷惑であるから賛成は出来ない」とのかわった理由で、反対運動の戦線に加わることを断った。

しかし、日、一日ともりあがる反対の動きは、やがて一一校からなる反対運動連盟をもりたてた。

地元、学校、PTA――この三者を一丸とした反対運動はつぎに区役所、警察、都庁などといった関係官庁に陳情をくりかえした。いわゆる〝請願デモ〟である。

ところが、この〝請願デモ〟に対して、一番〝興味のある反応〟を示したのは警察であった。

警察署長はまず頭から「アカのせん動である」といって陳情をはねつけた。これには反対運動の人たちも驚き、警察まで業者の〝汚れた手〟がのびていたのか、とふんがいした。そこで、こんどは田中警視総監あてに〝請願デモ〟をかけた。

反対運動の主旨を訴え、地元の警察ではとりあげてくれない旨、申し入れると、田中総監は「よく実情を調べよう。しかし、法的に問題がなければどうしようもないのではないか」と答えた。

このように、警察側の態度は全く〝興味〟のあるものであったが、それからしばらくたって、地元の人たちは警察署の後援会の会計が武蔵新田の業者であることを知って「成程」という感じを抱いたという。

さらに、区役所でも都庁でも〝請願デモ〟に対する反応は全く冷たかった。返事は「実情をよく調べましょう」というだけで、いつになっても具体的な解決への回答はなされなかった。

反対運動は全く行きづまってしまった。そこで「米軍に、いやGHQに働きかけてみたらどうか」ということになり、早速、代表者がGHQにのりこんだ。

ここでも通訳の手ちがいで表現上の障害があったが、GHQはどうやら請願の主旨をのみこんでくれた。

このころ、こうした反対運動のゆきづまりをみかねて立ち上ったのが評論家の神崎清氏であった。

神崎氏は反対運動の遅々として進まないことをみかねて、〈朝日新聞〉に「現行法規を総動員すれば、特飲街の拡張計画は御破算になるはずだ」といった意味の投書を書いた。

〈朝日新聞〉は早速、この投書をとりあげ、掲載したが、この記事をみたPTA側はすぐさま同氏宅を訪れ「是非、一緒に立ちあがってもらいたい」と懇請した。

神崎氏の参加で、低迷を続けていた反対運動はにわかに活発となった。そして同氏のたてる〝作戦〟によって、再び〝請願〟デモをくりかえしたのであった。

反対運動の反応は、やがて都教育委員会、都建築局などから反対側に有利な声明や方針となって現われた。

ところが、一一月に入るとすでに建築許可もあり、合法的だと業者のいう一一軒の店が許可以前に建築に着手し、許可当日にはそのあらかたがすでに出来上っていたという〝不可思議な事実〟がわかり、新しい波紋をひき起した。

この〝新しい波紋〟――つまり建築の許可がおりる以前に事実上の工事がはじまり、許可当日にはすでにあらかたの店が出来上っていたという〝不可思議〟な新事実に驚いた地元の大田区議会では、早速、真相調査のための特別調査委員会をつくり、調査にのり出した。

調査の結果は、やはり、建築許可以前に工事が着工されていたということがわかった。同委員会では、絶対反対の意見書を区議会の全員協議会に提出した。

一二月一四日、池上問題はついに国会に波及した。参議院文部委員会がようやくこの問題をとりあげたからである。一四日の午後二時、国会から視察団がやってくるというので建築中の歓楽街から二百メートル余ほどはなれた池上小学校には地元側及び池上小・大森高校・同四中・立華高校などのＰＴＡ役員の父兄約四〇人と、高校生一〇人の計五〇人が参集した。

懇談会の席上では、ＰＴＡ代表の反対意見が激しくもち出され、視察委員とＰＴＡとの間にはさまった同区教育課長、区議会の特別調査委員長らは、「問題がここまで発展する前になぜ大田区自体として解決が出来なかったのか」とせめられ、陳弁にけんめいというかたちであった。

一方、参議院文部委員会の視察団が現地を訪ねた日、都議会の建築委員会でもこの問題をとりあげ審議した結果、「当局が強い世論の反対を考えず、すでに二一軒の建築を許可したのは過失である。直ちに許可を取り消すべきである」と決議、石井建築局長へ要求したり、また都児童審議会でも一四日午後、千代田区有楽町の鉄道クラブで開かれた定例会に地元の大森高校ＰＴＡ会長梶原泰治氏らを招き、実情を聴いたうえ、「児童が明らかに害悪をうける事実は人道上許せない。都児童審議会は都民とともに問題の解決に努力する」との声明書を出した。

翌一五日、参議院の文部・厚生両委員会は前日に続いて池上問題をとりあげ、午前一〇時半から岡安副知事・小畑公安委員長らをはじめ、教育委員や都建築局、警視庁、地元ＰＴＡ、婦人代表ら一一人を証人として喚問し、それぞれの立場から証言を求めた。

続いて翌一六日午前一〇時四五分から開かれた同委員会では、岡崎官房長官、増田建設相、黒川厚相、水谷文相、小野地方自治庁政務次官、田中警視総監らが顔を出し、武蔵新田特飲街の池田益太郎組合長ら業者代表が証人として出席したが、参考人というかたちで証人に立った業者代表のひとり、鳩の街の特飲街組合長、市川七郎氏は「あなたはいったい、どう思いますか」との委員長の質問に対し、つぎのような〝爆弾証言〟を行い、一同を驚かせたのであった。それは「業界多年の経験により、彼等が女を使う商売をしないで正業を営むとは断じて考えられない……」というものである。

市川氏は業者推薦というかたちで、この日、委員会に出席したわけで、業者推薦というからには、業者側に有利な証言をするであろうと予想されていたのに、実際は全く逆な証言をしたのであるから一同は驚いた。武蔵新田の業者が進出に当って「決して赤線にはしない」といいはっていた化けの皮、いわば〝ピンクのカモフラージュ・ベール〟を「業界多年の経験により……」という言葉ではがしたのであったから――。

事実この〝市川発言〟によって事態は一変した。続いて証人に立った池田益太郎氏も「あくまで強行するとは考えていない。適当な代償が求められれば中止してもいい」と証言、解決へのあゆみよりを示したのであった。ところで、なぜ同じ特飲業者である市川氏はそのような〝裏切り〟的な証言をしたのであろうか。

この点について、消息筋はこう診断している。

実際、〝市川発言〟は意外であった。だが直接市川氏から発言の動機を聞いてみて、なるほどと思った。市川氏の話というのは、特飲街に対する世論の動きが年々ときびしくなってきて、とにかくあんまり無茶な、ガメツイ営業は遠慮しようではないか、という話しあいを各シマの業者が集って申し合わせたことがあった。ひとつのシマ、一軒の店でも派手な営業をすると業界全体が攻撃される、といったことがらにある。ところが、武蔵新田はシマの拡張を強引に計画し、きびしい世論の攻撃をうけた。だから申し合わせに対する反逆でもあるのだ。〝われわれは泣いて馬稷《ばしょく》を切ったまでのことである〟というのだ。それからもうひとつ、これはまあ推察の域を脱しないのだが、俗に〝ポツダム特飲街〟と呼ばれ、歴史も新しい特飲街が進駐軍を相手に荒稼ぎし、たんまりもうけた金で、さらに拡張を計ったことに対する業界内部の反目もあったのではないか。それが、世論のもりあがりで猛反対をくったので、うっかり賛成をとなえれば、業界全体が攻撃されるといった考え方と結びついて、ああいう〝裏切り〟的な証言になったのだと思う。しかし、それにしても、業者の証言によって進出計画が事実上失敗したのだから、まあ皮肉といえば皮肉なことではある……。

こうした意外な経緯によって池上問題はやっと解決への道を見出したのだったが、同日の委員会ではさらに岡崎官房長官、増田建設相らが「この種の問題を防ぐには現行法規では、不十分であることがわかったので、近く施行される建築基準法を強化するとともに、関係法規を早急に改正したい」と言明。また旅館業法についても同日午後三時から開かれた委員会で「営業施設の設置揚所が、公衆衛生上または公衆道徳上不適当と認めた揚合には、都道府県知事は営業者に対し必要な命令をすることが出来る」と改正することをきめ、同月二十一日からの国会に議員提出のかたちで出すことを申し合わせたのであった。

かくて、第七国会で成立した建築基準法の施行令と施行規則が公布され、施行されたわけであったが、これによっていままでの市街地建築物法や特殊建物規則、臨時防火建築規則、同建築制限規則などが廃止される一方、これらの特飲街に対する建築制限が法的基準として明らかとなったのである。そして、同時に文教地区というものを設けることになり、旅館（下宿屋を除く）待合、キャバレー・ダンスホール・料理屋など風紀上面白くないもの、騒音や悪臭をともなう工場・映画館・劇場・競技場などの観覧施設の建築は許さない方針が打ち出されたのであった。

ついで二月二日開かれた都市計画東京地方審議会は、建築基準法の施行により、新たに二三区内に準工業地区を指定する必要にせまられ、検討にのり出すとともに、池上問題をふくむ大田区池上徳持町、堤方町、池上本町の一万坪を住宅地区としてあらためて指定したので、ここに歓楽街の進出問題は根本的に〝終止符〟を打ったのである。

高田馬場〝湯の街〟問題

武蔵新田の特飲店業者による池上進出事件が世論をわかせていたころ、山の手の国電高田馬場駅近くの住宅地でも〝湯の街〟出現をめぐってひとさわぎがもちあがっていた。

〝湯の街〟の計画者は鳩の街の特飲店業者六人と、吉原、新宿、それに立川の同業者ら一四人で、共同出資によって「東京センター株式会社」というものをつくり、同社のわかし湯を近くの各旅館にひき込んで〝温泉気分〟を出そうというのが狙いであった。

「東京センター株式会社」を建てる揚所とは豊島区高田南町三丁目、高田馬場駅の北側で、駅前の商店街と神田川とにはさまれた西武鉄道のガード下の空地一万五千坪がそれ。

しかし、高田南町、戸塚、落合の工場地帯と住宅街が隣接し、また目白の文教地区にも近く、早大・学習院大・川村高校などもすぐそばにあることから、高田南町一丁目の工場経営者たちが組織している高田工業会がまず反対の決議を行い、ついで早大・学習院大の大学当局が「教育上からも風教上からも〝湯の街〟の出現は絶対に困る」としてこの反対運動に合流、〝第二の池上〟問題の様相をみせた。

やがて反対運動は都や区役所など、関係方面に陳情を行うなど、活発な動きをみせはじめたが「東京センター株式会社」の発起人たちは「いまの商売から脱皮するためにはじめるのであって、地元や学校当局が心配するようなことには決してならない、地方の官庁や会社と交渉して旅館は全部指定制にするのだから……」といって、おかしな歓楽街ではないと主張した。

これに対し、例えば高田工業会では「最初は鳩の街全体がそのまま進出してくるとの噂があったぐらいで、遠からず連込み宿になると思う。若い工員たちに与える影響を考えて反対するのである」と反駁、また早大当局も「新宿や池袋にはさまった高田馬場では、結局、あいまい宿になることにきまっている。早大だけでも一日に一万五千人以上の学生が乗降する駅付近に、そういったものをつくられては全く迷惑千万」として強く反対した。

結局、この〝湯の街〟設置問題は約一カ月後、都側が「建築まかりならぬ」と発起人たちに通告、発起人たちもやむなく了承したので、計画はストップ、幕となった。

王子特飲街

北区豊島一丁目界わいに怪しげな家屋が出来たのは、やはり池上問題のさわぎが最高潮に達していた二五年の秋のことであった。

池上の場合は、結局、業者側が手をひき、一一軒の家屋は都のあっせんで売却がきまり終止符がうたれていたが、王子では業者側がそのまま居座り、その後、軽飲食店として営業を開始したものであった。そしていつの間にか女給が売春をするようになり、実質的な特飲街となってしまっていた。

特飲街といっても店の数はわずか五軒。地元の反対を押し切って建てた木造二階建ての店舗が、二六年七月初めごろから食品衛生法によって都衛生局から軽飲食店としての許可をとり、開業するようになった。

わずか二百㍍の距離に区立王子小学校の分校校舎があり、小学生の通路にも当るというので同校ＰＴＡを中心に区民署名運動、区議会への反対陳情、国会などへの〝請願デモ〟というぐあいに建設阻止運動が続けられたのだったが、それもいつしか下火となったころ、この特飲街が突然、王子署の手入れをうけ、売春宿としての実態が明るみに出されたのであった。

同署は同年四月九日を皮切りに、七月三一日、九月八日、一〇月七日と都合四回の手入れを行い、延べ三二人（経営者五人、女給十五人、客など）を都条例（売春等取締条例）や勅令九号違反として捕えたのだが、実際にこうした売春行為が行われていても、各店が営業の許可を受けた根拠の食品衛生法によると、営業の禁止、停止が出来るのは「公衆衛生の見地から設備、器具が規格にあわない場合」（同法二三条）だけであるので、警察当局としても現実に売春行為が行われている特飲街同様であっても、だからといって営業の停止、禁止をくらわせることが出来なかった。

警察の手入れの結果、心配したような結果であったことを知った地元反対運動の人たちは「今後はさらにきびしく取締りを続けてもらいたい」と警察に申し入れを行い、警察側でも「現行犯として売春行為を検挙しても、営業の停止、禁止が出来ない。困っているが、取締りを続けて〝根くらべ〟をするより外に方法がない」として監視を続けたのであった。

ちなみに、王子にこうした店をつくったのは、千葉県船橋市海神町の特飲店業者たちであり、東京で稼ごう、ということから、進出したのであったが、警察の手入れをうけ、売春宿であることが天下に公けにされても、「軽飲食店として許可をうけたが、客が少くて商売にならぬ。われわれは、暗いこの付近一帯に、明るいネオンが輝く歓楽街をつくろうとしてやってきたのだが、地元民の態度が冷たくてがっかりした。当局もわれわれを目のカタキにするのは不可解である。だが、どんな困難にあっても初志を貫徹する。女給が売春をしたのは悪かった」とうそぶき、ケロリとした顔であったのには、地元はもとより、都民をあきれさせた。

その後、この王子特飲街は〝法の盲点〟を巧みについて軽飲食店として営業を続けたが、やはり飲み食いだけの店では客がよりつかず、売春をしたいにも警察の目がうるさい、ということで次第に商売が不振となり、やがて店を閉めるようになった。

そして二七年のはじめごろには、業者が〝初志を貫いて〟とうそぶいたこととはうらはらにほとんどの店が閉店してしまい、遂に〝有名無実〟となってしまったのであった。だが、この王子問題は池上・高田馬場両問題とは違って、地元の反対が無視されて店が出来、しかも実際に売春行為が行われたという点でひとつの特徴がある。そして、そのかい滅も地元の反対運動が実を結んだ結果ということではなく、警察の取締りであった点は、前者と大きな違いとして注目されるのである。

消えゆく紅燈街

赤線廃止の動き

売春制度廃止のムード

池上問題の出現は、赤線というものの存在をにわかに、世間の前にクローズ・アップさせた。それまでは、当局とか一部識者の間だけに論議されていた〝売春対策〟が、社会上、教育上の問題として、ひろく非難、攻撃されるきっかけとなったのである。はじめは、当局の治安維持や性病予防のための集娼政策を支持していた世論も、戦後の混乱がおさまり、性病も増加率が衰え遂には減少しはじめるにつれて、次第に人道的立場から売春禁止へと傾むいていった。

池上問題は、ちょうど、世論が人道的立場に傾きはじめた時期に起ったのであった。

もちろん、売春制度廃止の動きは、早くから起っていた。戦前は別として二一年一月、キリスト教矯風会・廓清会・国民純潔協会・日本キリスト教復興生活委員会の四団体は、連名で内務大臣に娼妓取締り規則の即時廃止と残存制度の徹廃を請願し、公娼制度廃止の運動を行なった。それから間もなくしてＧＨＱから公娼廃止に関する覚書が、ついで二二年一月一五日には勅令九号が公布された。この勅令は「婦女に売淫させた者等の処罰に関する勅令」というもので、僅か三条から成立っているが、その内容は驚ろくべきものであった。

第一条　暴行又は脅迫によらないで婦女を困惑させて売淫させた者はこれを二年以下の懲役又は

一万円以下の罰金に処する。　第二条　婦女に売淫をさせることを内容とする契約をした者はこれを一年以下の懲役又は五千円以下の罰金に処する。　第三条　前二号の未遂罪はこれを罰する。

付　則（略）

売春風俗業そのものを処罰すると決めた点、未遂まで罰する点、天皇が売春に対する法律に御名御爾を記した点……売笑三千年の歴史において、空前の出来事であったといえる。後年成立した売春防止法の前駆をなす戦後売春制度改革の基本立法とみられるものであった。

しかし、勅令九号が出た当初は、現実には冬眠状態であった。当局の集娼政策の蔭にかくれて、業者たちは、この法律の恐しさを知らなかった。「法の精神などについて説明をうけたが、正直いってピンとこなかった。前年の一一月に次官通達で黙認されたばかりですからね。表面上からいえば、特飲店になったとき、業者は女に部屋を貸すだけということになっていたんです。それに、当時の世論も必要悪として、われわれの営業を認めていましたから……。しかし、勅令九号はやっぱり恐ろしい法律でした。あとで、ことに講和条約発効後、われわれ業者は散々苦しめられましたからねエ……」元亀有組合長山口富三郎氏の話である。

売春対策略年表

勅令九号が出ると、それにつづいて都では二四年五月三一日「売春等取締条例」を作ったが、全国各地でも続々売春対策をめぐる動きが、活発化していった。参考までに、次にその主な動きの年表を紹介しておこう。

〔**昭和二二年**〕

一月一五日……勅令九号公布。

三月………GHQの斡旋で婦人福祉中央連絡委員会設置。

四月一八日……都内有志婦人団体、売春取締問題並びに性病対策（山形県上ノ山温泉学童の性病集団発生についての実態調査）について協議。

五月三日……新憲法施行。（前年六月から現在まで警視庁管下売淫容疑者検挙数は一万一千四百四一人）

一〇月一一日……刑法改正で姦通罪廃止。

一一月………終戦連絡事務局司法課「売淫行為等禁止法案」を作る。

一二月一一日……婦人福祉中央連絡委員会、転落女性の更生福祉に関する具体策を発表。転落女性福祉についてGHQ W・サムス大佐、衆院議長、総理、司法、大蔵、文部、厚生、労働各大臣に請願。この年の性病届出数は四〇万二百一五人。

〔**昭和二三年**〕

二月三日………厚生省性病予防法草案成る。

四月一日………厚生省「業態者の人員調査」発表。（同発表内「赤線と性病」の項参照）

五月一日………軽犯罪法公布。

五月二日………軽犯罪法の成立で戦前の警察犯処罰令廃止となる。これによって遊廓の臨検などを行っていたものが不可能となり、人権は守られたが、私娼等は野放しになった。

五月二〇日……厚生省の発表によると、ヤミの女概数三万八千八百六〇人。

六月一日………東京都で行った浮浪者実態調査の結果によれば総数二千三百八四人のうち女八百九〇人でヤミの女はうち四百五二人。

▽**六月**………**法務府から売春等処罰法案を第二国会に提出。**

六月一五日……行政執行法廃止、売春容疑者の臨検、強制検診、強制治療等は廃止になる。

七月五日………第二国会閉会のため法案は審議未了。

七月一〇日………「風俗営業取締法」制定。宮城県「売淫取締に関する条例」公布。

大臣に売春等処罰法案に対する建議書を提出。

七月一五日………**性病予防法公布。九月一日から施行。**

一〇月一三日、二八日………婦人少年問題審議会から労働大臣に売春等処罰法案に対する建議書を提出。

一一月三日……労働省各都府県に接客婦等の周旋行為の取締りに関する件通達。

一一月一二日……婦人少年問題審議会の建議により労働大臣から法務総裁へ売春等処罰法案に対する要望書提出。

一一月一三日……婦人少年問題審議会から衆参両院法務委員会あてに売春等処罰法案に対する要望書を提出。

〔**昭和二四年**〕

一月一八日………山形県の身売り児童二千五百人と判明。

▽一月国立世論調査所「売春等処罰法案」に対する世論調査を実施。

三月三日…………労働省、各都道府県労働基準局に特飲店の接客婦に対する労働基準法の適用を厳重にするよう通達。

三月五日…………東京都売春取締条例について公聴会を開く。

五月三一日………東京都「売春取締条例」制定。

八月二〇日………別府市「街頭における売春取締条例」制定。

八月二三日………群馬県「売淫等取締条例」制定。

一二月二日………国際連合総会、三二対二（棄権一五）で「人身売買および売春行為の搾取禁止のための条約」を決議、一九五一年七月発効。

▽一二月　この年の売淫容疑者検挙数五万六千六百八〇人（初犯二万二千三百二七人、再犯以上三万四千三百五三人）売淫の仲介者千四二人、勅令九号違反千四六件千百六七人、届出性病患者三十八万六千九百九〇人（この七二《パーセント》が売春行為により感染）妊娠中二十四万六千百四件と厚生省が発表。

〔**昭和二五年**〕

六月二七日………山梨県中野村「売淫及び風紀取締条例」施行。

八月一四日………広島県「売淫等取締条例」制定。

九月一〇日………神奈川県大和町「売淫等取締条例」制定。

九月一一日………埼玉県朝霞町「売淫等取締条例」公布。

一〇月二五日……大宮市「売淫等取締条例」

▽一〇月　労働省婦人少年局、年少労働者の調査報告書を発表（従来は雇傭先の職種が主として富裕農家であったが、最近は都会周辺の特殊飲食店が多くなった）

▽一一月初旬　池上特飲街建設問題について地元民、婦人団体、ＰＴＡによる反対運動起る。

一一月一五日……池上特飲街問題につき参議院公聴会を開く。

一二月一日………大阪市「街頭等における売春勧誘行為等の取締条例」制定。

一二月四日………横浜市「風俗取締条例」制定。

一二月一五日……甲府市「風俗保安条例」制定。

▽この年売春容疑者として検挙された数五万二千九四人、検挙をのがれた者推計一五万人、これに要した費用三〇億円。性病届出患者数二一万八千二百九九人、妊娠中絶四八万九千百一一件、検察庁受理の人身売買事件九百七三件。

〔**昭和二六年**〕

一月一日…………香川県端岡村「売春取締条例」公布。

一月一九日………埼玉県「売春取締条例」公布。（この県条例施行により大宮、朝霞、大和の各条例は二七年に入り自動的に廃止される）東京王子の特飲街建設反対期成同盟結成。

一月二五日……豊中市「街頭等における売春勧誘行為等の取締条例」制定。
二月六日……兵庫県芦屋町「芦屋町風紀取締条例」制定。
二月一四日……奈良市「街頭等における売春勧誘行為等の取締条例」制定。
二月一八日……札幌市「風紀取締条例」制定。
二月二八日……兵庫県川西町「街頭等における売春勧誘行為等の取締条例」制定。
三月一〇日……栃木県「街頭その他における売春等の取締に関する条例」制定。
▽三月　厚生省の調べによると、外人相手の売春婦、いわゆるパンパンの数は七万—八万人。
四月一日……横須賀市「風紀取締条例」制定。
五月一日……婦人福祉全国寮長会議において第二婦人寮の実現方要望を決議。
五月二八日……神戸市「売淫取締条例」制定。
▽五月　児童福祉法違反検挙数六百四十四件。昨年の三倍でほとんど人身売買。厚生省調査の身売り児童数推定五千人。身売り県の順位は山形・福島・奈良・大阪・兵庫・神奈川で、受入れ県の順位は神奈川・千葉・埼玉・福岡・東京・大阪となり、これら受入先の職業は特殊飲食店が大多数。
六月三日……岩国市「売春等取締条例」制定。
六月二一日……北海道千歳町「千歳町風紀取締条例」制定。
▽この上半期の警視庁扱い家出娘の数は七百五十八人、このうち八十九人が転落、五五人が特飲店に売られていた。
七月一日　群馬県軽井沢町「軽井沢売春取締条例」制定。
七月一六日……小倉市「小倉市風紀取締条例」制定。
八月一八日……カニエ参院議員国会で公娼制度復活について質問、これに対し吉田首相より「講和会議後も公娼復活の考えはない」という答弁があった。
▽八月　キリスト教矯風会は勅令九号法制化に関する請願書を作成。キリスト教関係団体や婦人団体に呼びかけ全国的に署名運動を展開。
八月三一日……津久見市「街頭における売春勧誘等の取締条例」制定。
九月四日……富士吉田市「富士吉田市風俗保安条例」制定。
▽九月　衆院行政監察特別委員会、婦女および年少者の人身売買事件をとりあぐ。勅令九号施行以来この月までの違反検挙五千五百九六件。
一〇月一八日……岐阜市「街頭等における売春に関する諸行為取締条例」制定。
一〇月二六日……函館市「風紀取締条例」制定。
一〇月二七日……新潟地方検察庁において都衛生局予防課長「売淫は公衆衛生上有害ではない」と証言。
一一月二日……都内八〇余婦人団体より「公娼復活反対協議会」が結成され、キリスト教矯風会ならびにキリスト教全国協議会の三団体とともに、引続き勅令九号の法律化について運動を展開。

▽一二月……この年まで全国医師、助産婦取扱混血児約十五万。法務府扱い、人身売買ブローカー公判六千人。国警集計未成年者家出概数一五万人、妊娠中絶六十三万六千五百二四件。

〔**昭和二七年**〕

一月一〇日……福岡県「風紀取締条例」制定。

一月二四日……米上院で日本にあるキャンプ付近の売春問題が論議された。

二月一二日……尼崎市「尼崎市条例」制定。

二月一四日……中央青少年問題協議会、いわゆる人身売買対策を決定。事務次官会議においても人身売買対策を決定。

二月二九日……衆院行政監察委員会、人身売買事件について証人喚問を開始。新潟地検の原次席検事、赤線区域に関する証言を行う。(この事件というのは新宿の赤線業者が新潟方面から十余人の女性を周旋人を通して雇入れたことが発覚、摘発されたというもの。詳細については「たかまる非難」一九八頁参照)

▽一～二月　婦人福祉団体連合会主催、文部省、厚生省、都道府県、中央社会福祉協議会後援の「婦人福祉推進運動」が全国で展開された。

三月四日……厚生次官、衆院行政監察特別委員会に於て「赤線区域の黙認はやむなし」と証言、世間の注目を浴びた。

三月一三日……福岡県折尾町の特飲店従業婦七人が福岡県婦人少年室に救済方を訴え出る。

三月二五日……中央社会福祉協議会に婦人福祉研究委員会が設置され、四月一日第一回会議を開く。

三月二九日……勅令九号の法律化、衆院で可決。

四月一日……姫路市「売淫等取締条例」制定。

四月二一日……衆院行政監察特別委員会「女子および年少者の人身売買に関する報告書」を衆院議長に提出し、強力な立法行政措置を要望。

五月六日……勅令九号、参院を通過、国内法となる。

五月二八日……婦人少年問題審議会、労働大臣に売春問題の対策を答申。このころから駐留軍基地の風紀問題について市民の関心が高まり、ジャーナリズムも競ってこの問題を取上げる。また基地周辺の農家を宿とするパンパンが増加し、とくに月曜日の風紀が悪いとあって、月曜日の授業を日曜日にふりかえる小、中学校が続出。

五月三一日……京都市「風紀取締条例」制定。

六月四日……都内七婦人団体代表が赤線区域の取締りにつき警視庁当局に、また参院の付帯条件とされた売春単独法の早期実現方を法務当局に要望。

六月一三日……山梨県「山梨県風俗保安条例」制定。

六月一五日……広島の新特飲街建設に市民の反対運動高ま

り、政界への陳情請願も活発となり、問題化してきたため、衆院厚生委員会より赤松・川崎・大野の三代議士ら事情調査におもむく。また基地における風紀問題が見逃しがたくなったので、矯風会およびキリスト教青年会ほか二十二団体が協議して純潔問題中央委員会を結成、勅令九号法律化後の事態に対処するために連絡をとることになった。

七月二三日……かねて米上院のオハラ議員は日本の米軍基地周辺の売春取締りについて国防長官に質問中のところ、米陸軍当局は二十三日書面回答した旨入電。

七月三〇日……警視庁は特殊カフェー業者取締りについて関係警察署長あて通達。また赤線区域外にある都内のもぐり売春宿は約三千軒と発表。

▽七～八月……労働省婦人少年局は「売春防止特別活動」を全国的に展開。

八月一日……鎌倉市「鎌倉市美化条例」制定。

八月二九日……佐賀県「佐賀県風紀取締条例」制定。

九月一日……八戸市「街娼取締条例」制定。警視庁が赤線を主体とした風俗営業者の取締りはじまる。

▽十一月　婦人福祉連絡協議会から「婦人福祉対策要綱」が提出され、売春問題等に関する教育・啓蒙・売春婦の保護政策および取締りの強化について政府に建言した。

一一月二六日……日米合同委員会風紀分科委員会が結成される。構成員は一三人で日本側は外務・法務・文部・厚生・労働の各省から各一人、国警本部・地方自治庁各一人、米軍側は六人。

一一月二七日……市川市「売春等取締条例」可決。

一二月三日……売春等処罰法制定促進委員会結成。これは純潔問題中央委員会が改名したもの。

〔**昭和二八年**〕

三月三日……売春等処罰法案、第一五国会の参院に議員立法として提出。

三月一四日……国会解散のため同法案は審議未了。

三月一四～三〇日国立世論調査所では労働省婦人少年局の依頼により、全国四〇都市において、「風紀に関する世論調査」を実施。

三月二三日……売春等処罰法制定促進委員会では総選挙に際して立候補者中、千五百人に対し、売春等処罰法制定に関しての賛否を問合せたところ百五〇人から賛成の返事があった。

五月二七日……北海道千歳町では「特殊貸間の営業に関する特別措置条例案」を作成。

六月一六日……駐留軍施設周辺の風紀問題対策に関し、日米合同委員会において①地方連絡協議会を設置②売春性的犯罪の取締り強化③駐留軍による立入禁止の設置などで両者の合意をみ、関係各省次官名で北海道ほか一二都道府県に通達された。米軍側も総司令官から地方司令官あて通達された。

七月八日……加古川市、売春等取締りのため「加古川市条例第十三号」を公布。一六国会参院法務小委員会に売春対策小委員会が設けられ、郡祐一・加藤武徳・小野義夫・一松定吉・宮城タマヨ・楠見義男・赤松常子・棚橋小虎の八氏を委員に決定。

七月二六日……参院予算委員会で加藤シズエ・藤原道子両議員の売春問題についての質問に対し、犬養法相は「売春に関するこれまでの黙認主義は限界にきた」と答弁。

八月四日……岡山市「売春取締条例」公布。

▽八月—九月　労働省婦人少年局は「売春防止特別活動」を全国的に展開。

九月一日……第一回関係官庁売春総合対策懇談会開催さる。

九月八日……北海道千歳町「風紀取締条例改正案」議決。

九月二四日……守口市「売春勧誘行為取締条例」公布。

▽九月　労働省婦人少年局は東京地方検察庁に送致された売春婦とその相手方について調査集計を行い、その結果を発表。うち売春婦の転落動機は生活苦のもの九一人で五六・九《パーセント》であった。また東京都地域婦人団体連盟が映画倫理規定委員会、五大映画製作会社に対し、思春期映画の内容が青少年に悪影響を及ぼすことを指摘、猛省を要望。

一〇月一日……豊中・八尾両市「風紀取締条例」公布。

一〇月三日……岐阜県「売淫勧誘行為等取締条例」公布。

一〇月一三日……静岡県「風紀取締条例」公布。

一一月四日……犬養法相が参院法務委員会で「売春取締法案は次期通常国会を目ざして提出するよう努力する」と発言。

一一月五日……東京都下福生町「風紀取締条例」公布。

一一月八日……衆参婦人議員会結成。売春等処罰法案の国会提出には超党派で協力することを決定。

一一月一一日……東北地方に冷害続出。人身売買事件防止につき中央青少年問題協議会会長から各県青少年問題協議会長あて依頼。

一一月一三日……婦人少年問題審議会婦人問題部会、引続き売春問題を審議することに決定。

一一月二〇日……労働省、冷害地帯における悪質な不当雇用慣行未然防止につき通達。

▽一一月　戦後、芸者がいなかった宮崎県に新たに株式会社芸能斡旋所設立許可申請があり、地元婦人団体などの反対運動が起る。

一二月二日……衆院本会議において犬養法相、小坂労相は売春問題対策協議会をつくると発言。

一二月十七日……事務次官会議で売春問題対策協議会を内閣の諮問機関として設置することを決定。

一二月二一日……都下砂川村「風紀取締条例」公布。

高姿勢の業者の反撃

勅令九号が冬眠状態であったことから、法務省は国内法として、二三年六月「売春等処罰法案」を第二回国会に提出した。結局、審議未了で廃案になってしまったが、政界、取締当局が集娼政策をとり、世論もこれを支持しているのが大勢のとき、下から盛上る廃娼運動が、一つの形を作ってあらわれたことは注目すべきである。この種の売春関係法規は、しばしば提出され、その度毎に審議未了となったが（さすがに、売春支援議員たちも、法案そのものを否決できなかった）、これが第一陣であった。

しかし、当時は廃娼論はまだ少数意見でしかなかった。それが証拠に、吉原の業者たちは処罰法案反対の陳情書をばらまいたが、廃娼論は〝本末転倒の呆れた〟世迷い言であるときめつけ、この法案ができると日本国民は大難を蒙ることになる……と、思わず目をみはるような高姿勢であった。陳情書は、

国定のため日夜御心配を蒙り、有難く御礼申上げます。陳者、今般売春取締法案として少数の議員諸士の提案を見たりと聞き（中略）甚だ本末転倒の説に呆れ、このまま万一にも法案化される事ありたれば、日本国民の上に蒙る難儀は遂に現代を経て後進者たる子孫の骨随にかかり、取かえしのつかぬ大変事と相成ること火を見るより明かなり。依って、賢明神慮を安んじ奉る国民の代表諸先生の御一考を願い、もって後顧の憂を除き民主主義の国民同志愛の上に健全なる体に培せたいと存じ、陳情いたしました（後略）。

という前書きにはじまり、さらに大上段の条文が続き、興味のある文章が綴られているが、相当の長さで

あるから、要約してみよう。

……戦前より戦後にかけて、再三再四にわたり、御奉公かしこみたる忠誠を嘉賞されて、業者の上に特殊の二字を付され、その呼び名も特殊飲食店と命名された。二一年一一月一四日の次官通達についてはかくありてこそ当然なる取扱いと感謝してきたが（中略）、近ごろ赤線地区を絶無にせんものと婦人議員が先頭に立って売春取締法案なるものが国会に提出された。そしてその提出理由は赤線地区があるが為に、一般の街の風紀が乱れるという。果して、そうであろうか。大体、街の風紀を乱しているのは、例えば、浅草泪橋停留所付近一帯の旅館は、従来木賃宿といって、見るも不潔な古いオンボロ旅館だったが、戦災後はぐっと新しく建直され、淫売婦をおいて遊女屋同様の営業を行なっている。また温泉マークの旅館も、連込み客を歓迎する内容の広告や看板を掲げているのはどのくらい街の風紀を乱しているかわからないのだ。それなのに、当局の指示に従って、女郎歴を廃業して、カフェーに看板をかえ、営業状態も新時代に応じたものにかえているわれわれを取締り、赤線をつぶせというのは納得がいかない。女給たちの中にも、業者が働く場所を与え、救済に当った結果、人多数のものが自力更生している例がある。本来、当局が罹災者または薄運者を救済すべき立場であるのに、それを行い難い現状に業者がかわってやっているのである。つまり、社会事業の一端を業者が荷っているといっても過言ではない。御苦労の一言ぐらいあってしかるべきだと考えるが、それなのに悪徳呼ばわりされるのはまことに心外なり……。

ほめられてあたりまえなのに、実情も知らない婦人団体客などにいちゃもんをつけられてたまるかというわけだ。業者たちは自信満々で、国会のセンセイ方に働きかけた。

神崎レポートは「……買収されたかどうかは知らぬが、女郎屋のふるまい酒によって、堂々たる公娼賛成論を演説した代議士の名を書きとめて置くことは、健忘症の日本人に対して無用のわざではあるまい。彼らの大部分は日本の旧秩序とともに没落したが、前田房之助（民政党）や船田中（政友会）や板野友造ら戦犯追放者の名が見出される。テンプラ御殿の田中武雄（民主党）や布団部屋にもぐりこんだ大野伴睦（自由党）が一役買っているのも意外ではない。生き残った現役では一松定吉（民主党）が何くわぬ顔をしているが、廃娼問題に関して〝衆参両院大部分の議員は笑ってまたかといってこれを迎えている〟といったような演説の再生録音にはおそらく耳をふさぎたいであろう。（中略）廃娼論と存娼論、世論とボス議員の板ばさみにあった政府官僚は理想と現実のあいだをいったりきたりしていたが、結局のところ業者の裏面工作が成功して、これ以上公娼はふやさないということで妥協してしまった。親方のために金の卵をうんでくれる公娼制度はそのまま無事に残ったのである」とある。

一千万の現ナマで処罰法流産

さらに、神崎レポートによると、このとき業者たちは名古屋の城東園（赤線）で臨時総会を開き、法案阻止の運動を展開することを決議した。席上今井治郎組合長が、全国の業者から一千万円の金を運動資金に集め、各地区の代議士を通じて、否決するに至らなくても審議未了にするよう運動すると説明があった。運動には微妙な点があるから、使途は自分に任せてほしいと発言していることは、後年の売防法制定のとき、売春汚職が発生したのと考え合せれば、阻止運動がどんな形で行なわれたかは容易に想像がつくというものである。
審議未了に終ったとはいえ、この法律は興味深い内容をもっていた。

第一条　略（売春・娼婦・娼家の定義）

第二条　売春をした者はこれを六ケ月以下の懲役若しくは五千円以下の罰金又は拘留若しくは科料に処する。

常習として売春をした者はこれを二年以下の懲役又は一万円以下の罰金に処する。

第三条　売春の相手方となった者は前条第一項の例に同じ。

第四条　人を欺き又は困惑させて売春をさせた者はこれを二年以下の懲役又は一万円以下の罰金に処する。

第五条　親族、業務、雇用その他の特殊の関係を利用して売春させた者はこれを三年以下の懲役又は二万円以下の罰金に処する。前項の関係を利用して売春の報酬の全部または一部を収受した者はこれを五年以下の懲役又は五万円以下の懲役に処する。

第六条　売春の場所を提供し又は客引きその他の方法で売春の周旋をした者は第二条第一項の例に同じ。

常習として前項の罪を犯した者は第二条第二項の例に同じ。

第七条　他人を「しょう婦」とすることを直接または間接の内容とする契約の申込み、または承諾をした者はこれを三年以下の懲役又は二万円以下の罰金に処する。

第八条　「しょう家」を経営し、または管理した者はこれを五年以下の懲役又は五万円以下の罰金に処する。

第九条　（以下略）

〝買春〟も処罰

この法案で注目すべき点は、売春をした者を罰するばかりでなく、客となったもの、つまり〝買春〟そのものを罰することになっていることである。欠点は、売春したもの、させたもの、さらには買春者が、いずれも重い量刑で処罰されることになっていることだ。〝同罪〟には違いないけれども、生活に困って生きるために自分の身を〝切り売り〟している女性と、それをさせることによって、ぬくぬくと利潤を挙げている業者とが、同じ量刑では不合理である。婦人少年問題審議会では、建議書を両院の法務委員会、労相宛に送って不合理を指摘、「売淫は不道徳に違いないが、そのかげには経済的・社会的原因が多く働いており、とくに敗戦後の現状では、教育や職業的技能を欠く少女が、飢に迫られて陥り易い落し穴でもある。だから厳罰主義よりも、教育と更生施設の拡充を急務と考える。……また、売春行為をさせた者と、それによって利益を得た者についてはあくまでも厳罰をもって臨むべきであり、罰金ばかりでなくびしびし体刑を課した方がより効果的だと考える……」と主張したのであった。結局、処罰法案は数回にわたって流産したが、この建議書の精神は後の売防法に伝えられたといってよい。

愛情の取引きにはノータッチ

最初の処罰法案が流産してから、五日後の二三年七月一〇日、風俗営業取締法が制定された（施行は同年九月一日）。警視庁は施行と同時に、それまで特殊飲食店という形態で默認していた赤線営業を、こんどは〝特殊カフェー〟と名付けて、引続き黙認する方針をとった。飲食店がカフェーとハイカラな名称にかわったわけだが、警視庁が集娼政策をとっている以上、その実態は「飲食物を客に提供し、サービスを行なっている間に芽生えた客と女給の愛情については干渉しない。この場合業者はただ女給に部屋を貸すだけであって〝愛情の取引き〟にノー・タッチであることは従来と変らない」のであった。

従って、風俗営業取締法も、赤線に対しては特に新しい取締り法規ではなかった。ただ、世論の手前、常套手段の看板の塗りかえを行なっただけであり、多少の自粛として、女給が道路に出て客引きをしてはいけないとか、十八才未満の少女を雇ってはいけないとか、夜通しの営業はいけないなどの制約はつけられていたのである。逆に、特殊カフェーということになって、「サロン東山」とか「ヴィナス」「エンゼル」「ハレム」「ムーン・ライト」「ハッピー」といった具合の、キャバレーかバーのような横文字の名前を掲げる店が続出して、遊客を楽しませた。ヴィナスだのハレムだのと、商売を象徴するような名前が多いのも奇妙であった。

第三次吉田内閣が成立したのは二四年であった。昭電事件で政権が転がり込んできた吉田内閣はアメリカの尻押しで強力な政策を打出した。池田勇人蔵相は「戦後のインフレを収束して、経済を正常化するため……」政府の補助金やアメリカの援助など、〝竹馬〟の足を切りとって自立する目的のディス・インフレ政策をとったのである。ドッジ公使の指示で行なわれたため、ドッジ・ライン政策とも呼ばれるものであった。その結果は、インフレは終息したが、大変な不況に見舞われ、首切り旋風が吹きまくり、労働不安が各地に起った。長い眼でみると、この政策が経済を安定させ、国民の支持を集め、吉田ワンマン首相に長年の政権の座を確保させたのであるが、一時的には失業者の群れを作ったのも事実であった。そのシワ寄せが、赤線に身を投じたり、街頭に春を売る女性の激増という事にあらわれるのも、歴史上いつに変らぬ女性の悲しい宿命ではあった。

売春等取締条例

こうした背景の下に、東京都は二四年五月三一日、都条例第五八号を制定した。「売春等取締条例」である。立案者は警視庁そのものだといわれている。一方では集娼政策をとっておきながら、片方で取締りの条例を作るのはナンセンスであるが、この条例は流産した処罰法案と同様、買春者の処罰が規定されていた。

第一条　この条例において売春とは報酬を受け、又は受ける約束で不特定の相手方と性交することをいう。

第二条　売春をした者、又はその相手方となった者は五千円以下の罰金、若しくは拘留に処する。

常習者として売春をした者は六ケ月以下の懲役、又は一万円以下の罰金に処する。

道路その他公の揚所において売春の目的をもって立ちどまったり、うろついたりして相手方を誘った者は三千円以下の罰金若しくは拘留に処する。

第三条　売春をなさしめる為の対価を受ける約束で場所を提供したるものは一年以下の懲役又は二万円以下の罰金に処する。

第四条　売春をさせる目的で女子を自己又は他人の管理の下におき、若しくは男子を誘って売春婦と性交することを勧める客引をなした者は一年以下の徴役又は二万円以下の罰金に処する。

第五条　（略）

警視庁は条例施行にあたって、署長会議を開いて、この条例の運営について協議を行なった。署長に対する指示は「吉原、新宿など赤線地区や芸者、待合などは失業問題が起きるため、当分の間は従来通り黙認のかたちをとり、漸次その主旨を徹底させる。夜の女・ホテル・宿屋などを取締り対象として、どしどし条例を適用すること」というものであった。ついで、防犯部長名で出された通達は、さらに明確であった。「取締りの重点」として、第三条・第四条の違反者を挙げ、売春婦の初犯者には更生への善導に努め、買春者には苛察に渉ることがないよう留意してほしいと指示、ついで「取締りの対象」として

① 何等正当の営業を持たず「しもた家」等を装い又は表面旅館・貸席・商家等正規の営業形態をとり乍ら売春婦を抱えて所謂娼家を経営し或は売春婦と結託してこれ等のもとに売春行為の場所を提供している者。

② 元待合又は元集娼地区の料亭・カフェー許可業者であって公娼廃止の趣旨に背き、売春を強要して従業婦を不当に拘束する等次に亘る指導に従わない者に対しては本条例又は勅令九号を併せ適用すること。

③ 旅館の女中・使用人、輪タク業者等であって駅付近盛り場等において遊客を勧誘し客引きなす者は厳重に取締ると共に、常にこれ等の者が客引を目的として結集している特定場所（タマリ場）についても適切な指導を加えこれが排除に努めること。

などを挙げている（性病予防法との関係、報告連絡、などについては省略）。この三つの項目で、警視庁の意図は明確に汲取れる。やはり、ここでも集娼政策を捨てていないのである。指導に従っているものは、従来通り黙認のかたちをとり、派手になってきた街娼や旅館の客引き、もぐりの売春宿などの取締りに重点を置

いたのであった。

同庁では、同年九月、七二人からなる初の大がかりな売春取締り班を組織、四つの方面にわけて随時派遣、実際的な取締りに乗出した。この構成は、後年売防法全面施行に伴って設置された同庁の売春取締対策本部の検挙班一〇斑六四人（総員は百一九人）に比べ、八人も多いのであるが、スタート当時の成績はあまり芳しいものとはいえなかった。

〝敗戦のウミ〟売春問題をどうすべきか、という世論に対して、まだ集娼政策を捨て切れぬ警視庁としては及び腰の取締りであって、効果の挙らないのは当然であった。

摘発第一号

都条例による摘発第一号の名誉（？）を荷ったものは、台東区車坂町の旅館経営者M（六五）と同旅館を根城に稼いでいた街娼のM子（二四）ら計五人であった。しかし、その後二カ月間の成果は、ヤミの女四〇余人、旅館・下宿などの場所提供者二十数人に過ぎず、係官一人につき一人の検挙者もないていたらくであった。

「いやあ、まったく閉口しました。条例はできたものの、成果はまるっきりというんですから。成績の挙らなかったのは、新憲法下すべて現行犯主義だから、一人捕えるのに一週間張込みしても、捕えた挙句、徹底的に否認されると、犯行が犯行だけに証拠不十分で釈放しなければならないといった状況であった。初犯者は保護・更生が第一と偉い先生方に念は押されるし、買春側は自分が処罰される規定があるものだから、なかなか証言はしてくれないし……そこにもってきて、捜査の中核となる巡査部長が、僅か四人しか配置されなかったことも大きなブレーキとなった。慎重なうえにも慎重で、逮捕令状を出し渋る裁判所から令状を受取って、やっとのことで踏込んだら、それが隣りの家の間違いで、カンカンに怒った主人が警視庁まで怒鳴り込んでくるという一幕もあった」と当時の取締り係官であったS氏は、述懐している。

公聴会に街娼登場

S氏のいった〝偉い先生たち〟の押した念……とは、条例制定に当って、都議会で開かれた公聴会の意見であった。二四年三月五日、出席したのは、帆足計（参院議員）・黒崎貞治郎（毎日新聞社会部長）・小檜山弘司（東京新聞社会部長）・神近市子（評論家）・野本源治郎（会社員）・玉川恵（防犯協会連合会会長）・平林たい子（作家）・森本政一（国民体位強化連盟会長）・梅田博（読売新聞論説委員）・神崎清（学識経験者）・小泉利枝（利害関係者）ら一一氏であった。条例に賛成する者も反対する者もあったが、意見の一致しているのは、売春婦の保護・更生が検挙そのものよりも大切であることを強調していることであった。

なお、公聴会の公述人（肩書は都議会局議事課「売春等取締条例制定の可否に関する公聴会速記録」記載のものによる）の中には、赤線擁護論を展開しながら、街娼取締りを狙いとする条例なら賛成という野本氏のような変り種もあった。野本氏はR・A・Aの項で紹介したように売春業界の大立物でもあったから、その発言は当然であったが、〝利害関係者〟小泉利枝さんの登場は俄然センセーションを捲き起した。たしかに利害関係者であるはずで、彼女は上野で街娼していたのである。

彼女の発言内容が、写真入りで報道されると、ごうごうたる反響が起った。「あいつを出すくらいなら、ノガミにもラクチョウにも、もっとベテランがいる」と警察署長に怒鳴り込んだ街娼は別として、公聴会に街娼をひっぱり出したことに対する非難が多かった。売春取締りの条例審議に、利害関係者として売春婦を出席させるなら、刑法改正のときには殺人犯・強盗犯を呼んで意見をきく必要が出てくるというのか――というわけである。しかし、彼女は「五つのときに業者に売られ、それから娼妓に売られ、軍の慰安婦として終戦のとき移動証明もなく投出された。上野の山にきて強盗の手先きにもなったが、それに比べるとパン助は向上したつもりである。売春取締りをうけ、弾圧されたら食えないから、元の商売にかえるほかはない」といった意味のことを発言、満場の聴衆にショックを与えるという一コマもあった。

パンパンに対する世論の反感

ともあれ、こうして成立した都条例は、赤線取締りのメスにはならなかった。二五年になって、池上問題・王子問題などが相次いで起り、赤線への世間一般の関心はたかまってはきたが、世論の大勢は、まだ赤線廃止とは踏切っていないのである。総理府国立世論調査所が、売春への世論がたかまってきたところから、世論の実態を把握するため、二四年一月から一カ月間、関東地方二千三百人と仙台市四百人の有権者を対象に世論調査を行なったが、その結論が、それに近いものであった。

この調査結果は、同年八月「風紀（売春等処罰法案）に対する世論調査」というもので、戦後初の大掛りなものであった。その調査の概要は……

（1）全般的に、街に自由に氾濫している散娼――〝ヤミの女〟や〝パンパン〟――はなくすべきだが彼女らを一定の個所に集合せしめる遊廓形成のものはあった方がよいと考え、また外人に対する場合と、日本人に対する場合とを区別していることが本調査によって明かになった。従って集娼としての遊廓を含めた売春行為一切を禁止する売春法には反対であるが、散娼としての〝ヤミの女〟のみに対して実施するものならば賛成というのが全般の傾向である。しかし、いずれの場合でもあまり厳重な取締りは良家の子女に危険を及ぼす虞れがあることと、男性の欲望の禁圧が絶対的に不可能である限り、買娼行為そのものはやむを得ないと考えているものが多い。（中略）

① 七七パーセントがパンパンを法律で禁止する必要があると考えているが、七〇パーセントは遊廓を法律で禁止することに反対している。

② パンパンが社会的にある程度必要であると考える人は一九パーセントしかないが、遊廓を社会的に必要だと考える人は七〇パーセントもある。

③ パンパンは道徳上害悪があると考える人は五八パーセントもあるが、遊廓を道徳上害があると考える人は三五パーセントしかいない。

④ 五一パーセントはパンパンに対して非同情的であるが、娼妓に対して非同情的なものは二七パーセントしかいない。

⑤ パンパン処罰に反対の人は二三パーセントしかないが、娼妓の処罰に反対の人は七一パーセントもある。

（2）…大概の人は売春婦は自ら罪を犯したというよりはむしろ社会の犠牲者であると考えている。

（3）売春当事者のうち、抱え主が最も罪が重いと考えられている。相手方（男）に対しては五三パーセントは法律による処罰を可としている。また客引きに対しては七〇パーセント、経営者に対しては七六パーセントが処罰の必要を認めている。

（4）法律によって売春を禁止するかどうかについては、過半数はパンパンを法律で禁止することに賛成であるが、これを強く要望しているのは少数に過ぎない。遊廓廃止の必要を強く要望しているものはさらに少い。

（5）売春等処罰法案に対する態度は、全面施行に対しては五二パーセントが反対であり、賛成のものは四一パーセントである。

つまり「ヤミの女はなくせ、遊廓は残せ」というのが、この世論調査の結論であった。売春行為そのものには変りがないのに、この厳しい差がついた原因には、パンパンに対する日本国民の激しい反感があるからであった。街娼は外人相手のパンパン（洋パン）と日本人相手の和パンとにわけられ（この時代には女たち自身、外人専門は外人専門、とはっきり区別していた）、国民は洋パンを憎んでいた。あくどい化粧、どきつい洋装、ちぢれ髪にいかにも日本人を見下したような態度……は非難の的だった。タケノコ生活に食うや食わずでいるとき、占領軍給与の食糧を食い、洋モクを喫い、新しい服をきて街を潤歩するのをみて、占領中である悲哀を感じていればいるほど、パンパンが憎くなるのであった。

洋パンに対する反感も手伝って、婦人団体など有識者たちの必死の廃娼運動にもかかわらず、世論はまだ廃娼一本には踏切っていないのであった。この形勢を察知した業者たちは、当局の集娼政策の隠れミノの中で、ぬくぬくと甘い汁を吸い続けた。それは、講和条約締結後、高まる世論に廃娼の方針に切替えられるまで続いたのである。

性病予防の旗印

貞操防衛から性病予防へ

公娼廃止論に対抗する業者の最大の旗印は性病予防であったことは、すでに書いた通りである。R・A・Aの慰安所の幹部が、そのまま赤線の指導者に残っていたのだから、彼らが口を大にして性病予防を叫ぶのは当然であった。彼らは日本の〝貞操防衛〟を謳い文句にして、R・A・A全盛の甘い汁を吸うことはできたが、性病対策に充分の処置を講じなかったばっかりに、慰安所立入り禁止を申渡されたのだから、性病の怖しさは身にしみてわかっている。

さいわい（?）R・A・Aで性病を背負った慰安婦の多くが、パンパンになって街に散っていた。それを逆手にとって、集娼政策をとり検診と治療を徹底的に行わなければ、性病の被害はひろまる一方だと、力説しはじめたのである。まことに、たくましき商魂とはいうべきである。明敏なる業者は、赤線廃止運動がたかまる前に、〝貞操の防衛〟から〝性病予防〟に看板を塗りかえていた。それはR・A・Aがオフ・リミッツにされた年の二一年九月に、早くも関係各方面にわたりをつけているのである。当時の吉原組合長成川敏氏の著書『夢の吉原風土の端書』には……

二一年九月一八日午前十時、GHQの副司令部がある三菱商事館で法律顧問のザコネ氏、加藤内務省公安二課長らと会い懇談。以下はその内容。

与謝野都性病予防課長　集娼でなければ性病の予防はできない。

ザ氏（うなずく）

白石警視庁保安課長　芸妓はどうなるか。

ザ氏　そのことは後日改めて通達する。

鈴木警視庁保安係長　生活に困り淫売をしている女はどうか。
ザ氏　よろしい。
成川　業者もよろしいか。
ザ氏　業者はいけない。日本人はトリックが上手だからいけない。ただ進駐軍を客とせず、進駐軍の物質を買わず、日本人を客として性病を予防して行うならよろしい……。

この会談の結果、全国の売春業者に成川氏らが檄《げき》をとばして、戦後はじめての全国業者の代表会議を開き、連合体を作った。「全国性病予防自治会（略称全性）」がその名称であった。業者の単なる連合会とはせず、性病予防を旗印にかかげた点、さらに、公娼廃止の次官通達が出る約一カ月前の一〇月一〇日に、結成式を行なったことなど、鮮やかな手腕だ。機をみるに敏な業者のカンの良さには、いまさらながら感心させられる。

赤線対街娼の戦い

成川氏は「ここに日本民族の大難を救うことができたとともに、性病予防の大旗は世界人類の上に大なる予防となる仕事であり……」と自画自讃しているのであるが、それはともかく、全性の出現は、戦前の公娼対私娼の戦いから、赤線対街娼の戦いに移行したことを意味するものであった。

つまり、戦前は吉原など公娼地の業者たちは、玉ノ井や亀戸などの私娼窟を性病と犯罪の巣ときめつけ、当局の取締り強化を運動してきたのである。ところが、次官通達による指定地として、玉ノ井や亀戸などが、同じ赤線の中に繰入れられ、黙認の売春地帯とされてからは、性病予防の同じ旗印のもとに、戦後の新興勢力である街娼の撲滅に邁進することになったのであった。

全性に対しては、時の第二次吉田内閣も全面的支持を与え、吉田首相以下が全性の顧問に名を連ねている。「時の総理大臣閣下の顧問御引受けを願い、また次年内閣総理大臣の芦田均先生からは出頭を命ぜられ、人物をみられて後よろしく御頼みしますとの御言葉を賜はった」と、成川氏は『夢の吉原……』で書いている。発足当時の顧問の名を拾い出してみると、首相吉田茂・内相大林清一・厚相河合良成・司法相木村篤太郎・内閣書記官長林譲治・内務政務次官世耕弘一・内務次官飯沼一省・警保局長谷川昇・警視総監鈴木幹雄・厚生省予防局長浜野規矩雄・警視庁保安部長塩谷隆雄などがあげられている。

売春対策の中心

性病予防は赤線業者の謳い文句だけではなかった。売春対策の中心は「如何にすれば性病が減少するか」であって、種々の機会に関係各方面で論議され、対策が立案実施された。勅令九号が出た約半年後の二一年七月二二日「性病予防対策協議会」という会合が日赤本社会議室で開かれたのもその一つであった。出席したのは、厚相一松定吉をはじめ厚生省の担当者、盛り場を受持つ警察署長、主な婦人団体や福祉施設の代表者であった。その発言要旨を速記録から拾ってみよう。（原文のまま）

厚相：終戦後、わが国の性病まん延状況は深慮にたえぬところであって、この亡国病は官民一体となり、予防撲滅を期ねばならぬ重要な問題となってきた。進駐軍当局も非常な関心をもって対策に乗出し、とくに二一年一月には公娼等の廃止に関する覚書を以て、人道上より封建的の貸座敷等の制限を廃止すると共に、本年一月一五日、売淫に関するポツダム勅令が発令せられたのであるが、最近、さらに厳重なる指令をうけた。政府に於ては昨年一一月の次官会議の決定に基き、現在の社会状勢下においては集娼を最小限に止め、闇の女は度重る制限の下に二様の取締りを行っている（後略）。

厚生省予防局長：最近の私娼は特定地区の者七千二三人のほか、待合・芸妓・女給・ダンサー等もあわせて五万九千二百二二人である。すなわち、東京の五千人、大阪の四千人、兵庫一千人等の順位である。しかし、ストリート・ガールが激増して、有楽町に約三千人、上野も同数位、神奈川県下には約五千人位いる由である。女学校出身者が四《パーセント》もおり、漸次増加の傾向にある。また一二才で検挙せられた者も出るに至った。（中略）現在公娼は全国に廃止されているが、散娼の組織化の傾向が濃厚となり、有楽町・上野・神奈川県下等、親分子分の関係をもって中間搾取的行為を為す者が現われるに至っている。

遠山性病予防協会理事：売淫を目的とする集団地区を廃止せよ。かくの如き例は外国になし。国民に人道主義を以て公娼はもちろん私娼といえども国としてはこれを認めないという最高の道徳を打建ててもらいたい。

瀬川新生寮救世軍：自分は絶娼の急務を痛感するものであるが、貸座敷業者等は性病予防自治会または女子保健組合等を作っているけれども、ある指定地の組合長も副組合長も入院している由で、理論と実際は合致せぬものである。また、表面、婦女子は喫茶店の女給であるが、業者は団結して婦人より玉割を主六、婦四の割合いでとっているが、これは許すべからざる行為である。また親の飲食代に前借するもの、衣類を将来買入れる時の用意と称して金を主人が預かる者等がある。尚新聞広告で女給募集をやるために、普通の喫茶店と思って雇われてきた者が、非道の日に陥るおそれがあるから不都合である。吉原は立派になったが、ああした都心から離れた場所に喫茶店ばかり許すとは変ではないか。先日も一巡してみたが、一人も喫茶をしている客を見なかった。又、中には多数の部屋があるらしいが、引揚者などに開放すべきで、喫茶店には多数の部屋は不必要と思う。多数の布団も不必要だ。要するに看板に偽りあることを黙認することは不可である。これは道義低下に拍車をかけるものである。もしこれを許せば、他に類似の場所が増加するおそれがある。集娼は検診成績が良好というが、検診時に田舎へ旅行したり、病気でごまかしたりして受診せぬ者もあるという。かくては予防上有害である。又、婦人が表の道路に出てわたしの様な老人の衣類を引っぱったり、口笛を吹いて手招きするなど、昔禁ぜられた張店が形をかえて違反を行なっている。これらは集娼からくる弊害であり、業者のなかには早手回しに散娼化を図っている者もあると聞く。政府はかかる者の対策に万全を期せられたい。

植村（**救世軍**）：集娼制度の公認は泥棒を認めるのと同じである。彼らは人間の魂を盗むもので強盗集団を認むるに等しい。但し婦女ばかりではなく、男子の出入りを禁ずる為に宗教家の奮起を望む。聖書に〝イスラエルの女子中に遊女あるべからず〟と示されたり。日本の女子に遊女あらしむべからず。

高野性病予防協会役員：集娼の業者中には客引をやらせ、収入を山分けしている。交番ではこれを知っていても見ぬふりをしている。集娼も闇の女も撲滅しなければ性病予防は困難であり、相手となる男も一時一定の場所に拘束して反省せしめる必要がある。

一松厚相：集娼廃止は理想としては結構と思うが、即時実行は困難であり、実情に即した対策をおしすすめたい。

こうしてみると、たとえ出席者が限られていたとはいえ、赤線などの集娼は性病の予防にはならず風紀上も好ましくないから、もっと根本的な対策を樹立して、という世論も強く叫ばれていたのである。

梅毒は倍増

厚生省の統計によると、性病予防法施行前の性病の激増ぶりがわかり、識者が性病に関心をもつようになったのは当然であった。二二年末現在の全国の主な性病患者分布は、次のとおり。（カッコ内は二一年末）

北海道	梅毒三千九百四四（二千百二三）淋病七千二（三千九百四二）軟性下疳千三六（六百八五）
東京	梅毒八千七百四（二千六百四六）淋病九千三百七七（四千八百一〇）軟性下疳二千一七（千二百一四）
神奈川	梅毒六千八百七（三千九百二一）淋病一万三千二百六八（八千百二一）軟性下疳千九百五四（千九百九六）
新潟	梅毒二千六百七二（千二百四八）淋病三千九四（二千四百一）軟性下疳四百四十六（三百八三）
京都	梅毒四千五百六八（四千四百六五）淋病八千百七五（六千三百九〇）軟下疳二千一五（千八百七五）
大阪	梅毒一万四千七百一七（六千四百六五）淋病一万六千五五（一万一千九八）軟性下疳四千三百八六（三千三百六四）
兵庫	梅毒八千六百五四（三千三百一二）淋病八千九百七三（五千三百六六）軟性下疳千八百一九（千百五五）
福岡	梅毒七千四百三二（七千百一一）淋病一万二千百六九（一万一千九百一三）軟性下疳二千九百六九（三千三百四一）
長崎	梅毒二千九百七二（二千四百七四）淋病六千百三四（五千六）軟性下疳七百五二（六百六七）
合計	梅毒十四万三千八百八八（七万五千六百二）淋病二十万六千百九（十二万一千五百五）軟性下疳三万九千六百六一（三万一千四百九六）

いずれも、はげしい増え方をしており、梅毒などは倍増していることがよくわかる。これらは、医師が診

療したもののうち、法規通り報告したものの統計であるから、医師がもぐり診療したもの、医師にかからぬものなどを含めると、厖大な数の患者がいたことになる。

さらに、警視庁が二三年中に検挙した売春婦（主として街娼ではあるが……）は、総数一万一千五百六三人で、性病にかかっているのが、三割弱の三千二百五九人（梅毒六百九四、淋病二千百三二、軟性下疳八二、その他三百五二）があった。占領軍のX大佐のセリフではないが「日本の女性は性病の巣である」といったのは、必ずしも誇張ではないことがわかるのである。

彼女たちは、臆劫がったり、恥しがったりで、積極的に検診を受けようとはしなかったのである。

二三年四月一日現在の〝業態者の人員調査〟（厚生省）によると、全国の芸者数一〇万六百三のうち検診をうけているもの僅かに七千九百二六であった。さすがに東京は性病知識が普及しているためか、二千二百十三人中二千六二人が受診している。酌婦は一万六千二百八七人中一万四千九百八七人。女給七千一九人――二千二百四六人。ダンサー六千四百六――五千五百一七人となっている。

性病予防法のヌケ穴

こうした性病に対する関心の昂まりから、二三年七月一五日、「性病予防法」が法律第百六七号として公布され、同年九月一日から施行された。これよりさき、東京都と警視庁では二〇年一〇月二三日、性病予防規則と同執行心得を公布、施行しており、性病に対して重大な関心を払っていたが、全国的に街娼の性病禍がひろがり、また警察犯処罰令、行政執行法が廃止されたため私娼の取締りや売春容疑者の臨検・強制検診・強制治療などができなくなったため、もっと強力な対策・立法が望まれるようになったわけである。

「性病が国民の健康な心身を侵し、その子孫にまで害を及ぼすことを防止するため、その徹底的な治療及び予防を図り、公衆衛生の向上及び増進に寄与することを目的とする」のが、第一条〈法の目的〉であった。

また、法律の特長は、性病予防のために売淫常習者の強制検診ができることになっていた（第一一条）点や、性病患者が売淫したときは二年以下の懲役又は一万円以下の罰金という処罰規定（二六条）ができたことだ。さらに、売淫のあっ旋・勧誘、場所提供者が、女が性病にかかっていることを知っていたときは三年以下の懲役または二万円以下の罰金に処せられる（二七条）という三項もあり、同条の後段には過失で女が性病にかかっていることを知らなくても同様処罰されるとあり、まことに厳しいものであった。

しかし、現実には性病予防法は厳しく適用されはしなかった。「強制検診することができる」という条文を裏返していえば、強制検診はしないということであって、戦前の警察国家時代に確立された強制検診から、人権を重んじた自由検診に移行したことを意味するものであった。度重なる公娼廃止の法律・政令等によって、赤線は特殊喫茶にかわっていて、そこの従業婦は、女給であって売春婦ではない建前から、強制検診はできないのであった。

女子保健組合（赤線従業婦たちの組合。次項「女たちの生活」で詳述）では、自分たちの体のためであると、検診を受けるようにすすめていたが、やはり検診をごまかすものがかなりいたのである。評論家神崎清氏が吉原の六人の女給と行った座談会記録『吉原の屋根の下』の中から、性病予防に関する話を拾ってみよう。座談会が行われたのは、神崎氏の記憶では二四年ごろであった――

S子：病気の予防対策ということについては、女子組合でもいろいろとやっています。早期発見と治療とありますが、組合で購入したサックでも予防薬でも、ほとんどこれら必需品は市場よりも五割も六割も安く共同購入して組合員にわけていますけど、これをいかに活用するかは女の力の思想的自覚にまつわけですが、残念なことにこの程度ではと思うことがあります。その割に羅病率が少ないということは検診問題がある程度うるさくいわれているためと思われます。

——その検診問題について話して下さい。

S子：最初は強制検診だったんですが、こんど風俗営業取締法と性病予防法が実施されたため、自由検診ということになったので、ヨシワラでは八月一日（註・昭和二十三年）から週二回の自由検診にきりかえたのです。その当時は羅病者が八から一〇パーセントぐらいだったのですが、現在は五パーセントから三パーセントくらいまで羅病率が低下してきています。ただ残念なのは、どこかへちょっと行ってくるとかいって、検診に出てこないものが最近相当ある傾向です……この場合、病気にかかっていても、検診をなまければ働くことができる。まじめなものがバカをみるようになってはいけないので、組合自身内規を作って規制したいと思ってます。週二回の検診を完全に励行して、羅病率を下げることが一番の問題ではないでしょうか。

——実際の感じからいって検診は面倒ですか。いやなもので、できれば検診したくないという感じがありますか。

K子：習慣ですからそういうことはないと思います。

——検診をさぼるというひとのなかには、業者が妨害している場合がありますか。

T子：それもあります。しかし女の子自身にとっては必死の問題なんですから、主人の目を盗んででも行かなくちゃあ……。

――検査におちた人はどうしますか。

S子：おちた人は入院しますが、最初はペニシリンがありますから早くなおるようです。早く発見すれば治療も早いのですから、やはり検診には行くべきです。

G子：かかる人は中年の人より新しい人に多いですね。洗滌が足りないのではないかと思います。それに新しい人は粘膜がやわらかいですからねエ……。（原文要約）

たしかに、「売春の業がたえないかぎり、性病は亡びない……」（元参院議員河崎ナツ『売笑なき国へ』）である。業者、従業婦の組合幹部が躍起になって性病撲滅運動をやっても、がめつい業者が検診を妨害したり、女たちが検診をいやがったりして、性病根絶は不可能に近いのであった。

〽絵に書いた枕草子をやめにしてなまを見たがる馬鹿な役人

〽高い山から谷ぞこまでもずっと見渡たす検査医者

強制検診が盛んに行なわれたころ、集娼地区の女たちの間でしきりにささやかれたという駄じゃれが物語っているように、女たちは生理的に検診を嫌った。好きだと思っていた医師でも、検診のときつっけんどんにあしらわれたりすると、いっぺんに嫌いになってしまった。看護婦たちに共通の患者を見下したような冷い態度にも、我慢ができないのであった。
性病治療の救世主ペニシリンが普及しはじめていたにもかかわらず、性病予防法の効果は、はじめのうちは、こうした事情から、はかばかしいものではなかった。厚生省は二四年六月九日に「健康診断強化について」という次の通達を、各都道府県衛生部長宛に送り、予防措置の徹底を指示したのは、そのためである。

性病予防事業については昨年九月一日、性病予防法以来その実施の状況は未だ円滑に運用せられないむきが認められ、ところによっては法の実施を全然怠っているように見受けられるのは誠に遺憾にたえない処である。殊に法第一一条の適用については売いん常習の疑いの著しい者に対しては、各自の行なっている自衛的検診のみに委せて法の適用を怠れば、自然に性病予防に対する注意の低下を来し最悪なる感染源となるので、適時必要と認める際は一一条の発動を断呼として行うべきであり、検診の結果、有菌者にして治療を行わない者に対しては強制的治療の処置を講じ、売いん常習者の性病についての注意を一層強化させ性病の伝播を積極的に防止する必要がある。更に又性病の伝播を防止するため法律第二六条、第二七条、第三三条等の罰則についても大局的見地より必要と認めるときは運用を強力的に行なうべきであるが、これら本法の適用には人権じゅうりんの虞れが多いと思われるのでその実施に慎重を期せられたい。

男性は〝鉄カブト〟がおきらい

簡単にいえば〝あなたまかせ〟をやめて、検診を徹底してやれということである。世の中が落着いてくるにつれて、厚生省の役人たちも、性病予防に本腰を入れて取りかかる体制がととのってきたといえよう。しかし、客の中には、依然として性病に対して無知なものが多かった。売春問題研究家として著名であった故中村三郎氏は、二八年四月から二九年四月までの一年間、全国七九地区の赤線で、五三万三千五百二五人の女給を対象に調べた「赤線女給受診者資料」の中で、百八十三人の客の〝性病に対する知識のレベル調査〟を行なっているが、興味のある統計がそこにあらわれている。

問① 売春婦に性病が多いこと。
答 知っている八一、知らない三九、考えなかった六三。
問② 性病感染源は売春婦に多いこと。
答 知っている六三、知らない四〇、考えなかった八七。
問③ 性交に際し性病予防薬または器具の予防法を知っているか。
答 知っている百三〇、知らない九、考えなかった四四。
問④ 性交の前後に洗滌したか。
答 事前にしたもの二一、しないもの五、考えなかったもの百六七。
事後にしたもの百四二、しないもの〇。

この数字から、売春婦に性病が多く感染率の高いことを知らぬ者が意外にたくさんいることがわかる。また、性交前に洗滌をしないものが多いのはまずまずとしても、性交後に洗滌すら怠っている状態から、いかに性病常識がないかがうかがえるというものである。

中村氏はさらに二九年三月から五月末までの間、東京・横浜・横須賀・船橋各地の赤線女給百三二人について女給側からみた客の実態を調査している。結果は同様の無知があらわれている。

一、コンドーム及び予防薬を使用せる三百八二人の相手方（最近十日間の成績）は（イ）自ら持参使用のもの六（ロ）提供品を使用のもの二百九（ハ）使用拒絶のもの百六十七。
〔参考〕コンドーム一枚では危いと称し二重に武装せるものあり。
二、性交前後の洗滌者は（イ）前後洗滌どころか私達が洗滌に行くのも「直ぐこいよ」です（ロ）「サア洗滌に」と誘わないと三分の二はだめです

まさか戦争を放棄したからというわけでもあるまいが、「いまさら〝鉄カブト〟をかぶって女と戦えるか」という客の数は、なかなか減らなかった。女給たちの間に性病予防の知識が徐々に浸透していくのとは、まったく対照的であった。それでも、性病は次第に減少していった。警視庁の資料によると、二四年から二七年の間に検挙した売春婦（むしろ街娼が多いのだが）の性病は、年々減っているのである。淋病だけは二六年まで増えつづけたが、二七年から急速に下降線を辿っている。

性病は未開・後進地域に多い病気であり、日本でも、敗戦の混乱以来急増したこと、講和条約が結ばれた翌年から減りはじめたことは、単に偶然の一致とはいえない興味深い現象である。性病の救世主ペニシリンが普及したからとだけでは、片付けられないであろう。

女たちの生活

■「すさみゆく心の嘆き」真弓

私の心はいつも疲れきっている
この街へ流れついてからずっと
私の一生はその日から始まり
私の幸福はその日から失われた。
それから――私は
くらい長い沈黙の日を
けばけばしい光彩と
おぞましい騒音の中にあって
たった一人、虚無の中に生きてきた。
故郷も恋人も
そしておかあさんでさえ
忘れようと努めているうちに、いつか私の心は失われて
ただ「そういう女」としての自分に相対し
今日もすさみゆく心をみつめている。

■「悲シクハアリマセン」喜代美

悲シクハアリマセン
悲シミナンテモウ
ドコカヘ行ッテシマッタ
悲シイナンテ
ゼイタクナ甘ッタレデス
ダケド
朝眼ガ覚メテ
昔ノヨウニ
スグ起キルコトガデキナイノハ
タシカニ
悲シイ習慣デス
頭ガ重ク
背中ヤ腰が痛ク
ソシテ心ガ痛ムノデス
考エテモ仕方ナイコトヲ
ドウシテモ
繰返シ考エテイル

一番重ッタイ
眼覚メノ時間デス
「何ヲ考エテイルノ」
オ客サンガ
カナラズ聞キマス
「何モ考エテイナイノ」
カナラズ答エルコトニシテイマス
幾通リモ作ッテアル
身上話ノヒトツヲシナガラ
オ客サンノアイヅチニ
馬鹿々々シサガコミアゲテ
眼ヲソラシマス
一度本気ニナッテ
ホントノコトヲ言イカケタコトガアリマシタ
ソノオ客サンハ海ノヨウニ深イ眼ヲシテイマシタ
絵ヲ描イテイル人デシタ
「君ノ眼ハ、悲シミガコオリツイタヨウダ」
トカ言ッテイマシタ

ダケドソンナ人ハ
メッタニ来マセン
筋書ノキマッタ話ヲ
スラスラタドリナガラ
ホカノコトヲ考エテイル毎日デス
悲シクハアリマセン

■「おかあさん」ゆう子

おかあさん
こんな所からおかあさんと呼んでます
おかあさん
私が見えますか
私にはおかあさんが
本当によく見えます
明るい晩です
ネオンよりきれいな月です
だから――
きっと私が見えますね

ゆう子はね
こんなに白粉つけてますが
おかあさん分りますね
少し太ってますね
ですけどよごれました
名前も――
おかあさんがつけた名前は
ここへきてからやめています
おかあさんに悪いと思って……
おかあさん
それでも私が毎日毎日
おかあさんのことばかり考えているの知っていてくれますね
おかあさ――んと
いつもそれだけ言ってます
いつもそれしか言わないけど
元気でいますって言う気持
おかあさんは知っててくれますね
おかあさん

きょうはもう呼びません
お客さんが見えたのです
おかあさんさようなら
またあしたきて下さいね
呼んだらすぐ来て下さい
おかあさんと呼んだらね
さみしそうにしないで
あしたの晩までさようなら

■「愛着」 和子

赤い血がうずく
人が恋しい
別れたくない
弱虫と笑われてもいい
愛着
もっと泣きたいんだ
生きて、愛して
いつまでもいたいんだ

東京の谷間

これは、吉原の女給たちの詩である。彼女たちは、二七年一一月『明るい谷間』（吉原女子保健組合刊）と題する文集を出しているが、その中に掲っているものである。詩のほかに、短歌、俳句、川柳、随筆などがおさめられているが、この文集の特徴は、大部分の作品に「おかあさん」が登場することである。苦しいときも、悲しいときも、彼女たちの呼びかけるのは常におかあさんであって、それはもはや偶像化されてはいるけれども、そうすることによって、女給たちは甘い陶酔の慰めを自ら味わうことができるのであろう。

「吉原は東京の谷間である。この谷間は明るいか、暗いか、それはみる人が決定する。遠く、くるわと言われた頃から赤線区域と呼ばれる今日まで、さまざまな角度から論議され、止揚されてきた街吉原は、良かれ悪かれ、時代と共に、人間の歴史にくっついて離れないのではなかろうか……。その吉原に働く沢山の若い娘たち、この街にしか宿れなかった貧しい娘たち、生活の嵐に翼なえた人々にとってみれば、吉原は最早暗い谷間ではない。明日、明後日への希望を棄てぬ限り、この谷間は明るく、この谷間からの一筋の道は陽の当る丘へ通ずるに違いないからだ。本書は彼女たちの生活のうたである」と、まえがきの記す通りであろう。作文にもそれがある。

■「幸せとは」　弘　子

数知れぬ青い星を見上げていつも私は涙ぐむ。人が温い床につく頃になっても紅白粉を顔にぬり、通る男を呼びとめて「ねエ、一寸、およりになって」と声をかける。たまによった客を部屋へ通す――と私はこのことを考えると恐ろしくなる。世の中が恐ろしいのか、金の為に生命と共に守っている体も玩具にしなければならない。思えば思うほど頭が痛く生きているのも嫌になるが。――先日のこと、体の自由にならぬ年老いた乞食を目にして、その乞食と自分をくらべて考え出した。そして「ああ、私はまだまだ幸せだ。からだの自由も利くし、若いし、ほのかな恋もある。あの老いさらばえた乞食はおそらく人を恋することも出来まいし、見たところ子供もなさそうだ」。まだまだ私の方がましなのだと自分にいいきかした。だけど、私よりもっとみじめそうに見えるあの乞食も生きているところをみれば、やっぱりどこかにむくわれる幸福があればこそああして生きているのだろう、とも思った。

幸福というものは何かと比べなければ自分は不幸だ、不幸だと決めている者には、自分の幸福は分らないものだな、と気がついた。そして年老いた乞食とわが身を比較して考えなければならないひとつの不幸が胸さきに迫ってきて、私は遠い故郷に別れすむ母を無性に恋うのであった。

堪えがたき夏の日ざしとなりにけり
　　わが母の身につつがあらすな

■「母への手紙」　落　子

母様。東京は桜の花も満開です。街にはきれいな観光バスが多く見られます。バスを見ると田舎のホコリ道を思い出すのです。

その後、母さんの目の方は少しは良いでしょうか。

国夫が中学に入ったとか、豊子がよく弟や妹の面倒を見ていますか？　母さんが起きられず、家の仕事も大変でしょうが、がん張って下さいね。字が書けたら、もっと手紙を出したいのですが、いまもお友達に書いてもらってるのですよ。豊子、この間の葉書で、姉さんは悲しんでいることが一つあるの、学校だけは休まずに行ってね。姉さんみたいに葉書もまんぞくに書けないほど、みじめなことはないからね。私はもう仕方ありません。父ちゃんが「たんこう」でびっこになったんだもの。まだ父ちゃんの行くえは分らないの。酒のみだから、どっかでたおれたまま死んでしまったのではないか、と心配です。豊子、母ちゃんを大事にして下さいね、おねがい。それから先日の手紙のお金は三千円だけ送ります。国夫のクツはそのうち働いて送ります。わたしも、いまの家、主人も友達もいい人で、安心しています。では、がんばってね、仲よくしてね。また手紙出します。

女給たちは当然のことながら、薄幸を背負っている人たちであった。幾通りも身の上話を作って客に話したりする、嘘つきの面もあるが、この文集には、やはり彼女たちの生活の断面がにじみ出ている。

家のため、両親のため、弟妹のために犠牲になるという〝身売り〟がこの社会にはまだ残っているのである。次の「私一人が生きるなら」の文章もその一つである。

■「私一人が生きるなら」　百合

私一人が生きるなら「よいとまけ」をしても生きてゆけます。しかし、私の背後には病気の父と眼の悪い母と、一五才を頭に三人の学童と五才の弟妹が居ります。といって二三才の私にいまの社会に私が送金する一万五千円の給料を下さる会社がありましょうか。私は私だけが生きるためでなく、一家を生かしてゆくために働いているのです。

でも、親や弟妹のために働いているという目標をもっているのは、まだ幸福であった。過去の苦しい思い出がいつまでも心から消え去らず、現在の境遇に深い絶望と自嘲をもって生活するものも少くなかった。心理的自虐性が、逆に、生きるための支えになっている場合も、この〝谷間〟にはよくあることなのであった。

■「自虐」　多恵

帳場でおばさんがどなっている。

由利ちゃ――ん。

由利ちゃ――ん。

化粧は都合のいいばけもの。わたしではない私が出来上ってゆく。鏡の中にある白く塗られた一つの顔が、唇が、いいっと横にのばして、オレンジ色のルージュをひく。硝子に近づいた伏目をあげて私の目を見ると、その目が私の目を射すくめる。瞳に化粧が出来ないものか……。

ゆりちゃ――ん。

私の心は重いんだ。畳の上にぺったり投げ出した足にソックスをつけ、硝子のネックレスをゆすぶって服の肩さきを無意識にピンと張り、南京虫の時計をはめ、指さきのオパールに一寸ふれて……私は毎日のしきたりに従って仕度をすませて立ち上る。（中略）

スリッパをひきずって階段を下りる。きっとあの人が立っているにきまっている。ただ複雑と好奇だけの目をもって、一〇年前の婚約解消の裏切りも知らん顔にやってくるのだ。僅かばかりの金さえ払えば、クリスマス前夜に惨酷を秘めて、姿だけおごる今の私という七面鳥をがんろうできるのだ。

階段は十三、中七段目から曲っている。私はホールの見える三段目で考えた。おばさんがあきれるほど回しをとって、彼に寄りつかないでやろう。悲しい抵抗、気やすめの抵抗、私は回しでこうふんしてやる。

■「独白」 麗子

そこへ行く粋がったお兄さん、お寄りになってえ――。ねエお茶でも召上らない。フンだ、行っちまった。いけすかない奴、返事ぐらいしたっていいじゃないか。ねえ一寸、おじさん。おぶうでも如何。どこへ行っても同じよ。誰だって同じですよオーだ。チェッ……。何だって、ああ酔ってますよ。(中略)ねエ、いいことしてあげる。誰もしらない、いいことを。何だってえ。酔っぱらいは嫌いだって？いいわよオだ。(中略)私が売女、売女でわるかっちゃったわね。私が売女ならあんたは売男じゃないか。オタンチン。お前だって売ってるだろう。売ってるさ。何かを売って生きてるじゃないか。(中略)弱虫。ざまあみろオーだ。学校の先生だって？

センセイと言われるほどの馬鹿一人、紅いネオン街をさ迷うか。いいぞ、人はパンのみによって生くるにあらず。頭か腕か血か心か、何かを金に捧げて吉原にくるものなりか。いいね、儲けた金で私の売物買って――

こうした赤線女給たちの生活の実態について、戦後、いろいろな形で調査が行われた。神崎清氏や中村三郎氏らの足で調べた調査、元吉原病院長雪吹周博士の吉原の調査などに続いて、労働省婦人少年局は二八年六月、東京を中心とする赤線地区に対して初の本格的な実態調査を行った。その調査レポートは三〇年三月公開された「赤線区域調査報告書」である。

この調査は、東大の泉靖一、平野亀一両助教授、同渡辺洋三講師、同尾高部茂子研究生、都立大の杉山茂顕教授、同千葉正士、唄孝一両助教授、同祖父江孝男、蒲生正男両助手、東京学芸大の楢崎二郎助教授、東京教育大の岩井宏融講師（肩書はいずれも調査発表当時のもの）ら学者グループによってなされたもので、赤線というものに社会学的見地からメスを入れた点では、戦後初めてのものとして興味深いものがある。

レポートの内容は①問題の提起②赤線区域の社会的形態③赤線区域の実態概要④赤線区域の設置と反対の運動をめぐる問題点⑤問題の整理といった五項目からなっている。ここでは③のレポートを中心に検討を加えてみよう。

女のふるさと

調査の結果、女たちの出身地が都市に多くなってきているという点が、まず注目される。

戦前は寒村地帯、とくに東北の農村出身者が圧倒的多数を占め、周期的にやってくる飢餓のため一家の犠牲となって売られてくるというケースが最も多かった。

ところが、この調査では、東京七、福島二、新潟一、石川一、茨城一、秋田一の比率になっていた。

参考までに、雪吹博士が行った同種の吉原女給だけを対象とした調査によると、

東北地方	北海道一〇、七パーセント。青森一一、一・五パーセント。岩手一八、二・一パーセント。秋田七四、一〇パーセント・九。宮城二四、二・五パーセント。山形三八、五・五パーセント。福島七二、一〇・七パーセント
東京	一四〇、二〇・五パーセント。
関東地方	栃木四三、六・三パーセント。群馬二三、三・二パーセント。茨城三六、五パーセント。埼玉三八、五・五パーセント。千葉五三、七・七パーセント。神奈川二八、三・五パーセント
中部地方	山梨八、〇・八七パーセント。長野一二、一・五パーセント。新潟二八、三・九九パーセント。静岡八、〇・八七パーセント。愛知七、〇・九パーセント。石川二、〇・〇三パーセント。富山二、〇・〇三パーセント。福井一、〇・〇一パーセント。

農村が減った理由は、農地改革で赤貧洗うような小作人はなくなったこと、食糧難続きで農民の懐ろがうるおい、戦前は東北につきものだった冷害もなくなっていた。

反面、都市が増えたのは、戦災に続く敗戦で、失業者が増えたことが考えられる。

次の「たかまる非難」（一九八頁）の項で人身売買を詳述するが、第二次吉田内閣でディス・インフレ政策をとったことから深刻な経済不況を招いたときとか、炭坑不況のとき一家離散を防ぐために、娘や人妻が身売りするといったケースが増えてきているのである。

戦後獲得した自由が肉体の自由だけにとどまり、性道徳が稀薄になった現象も見逃すことはできない。

売春行為を恥ずべきものであると考えるより、貧乏であることの方が恥かしいと思う女性が、都市の一部には多くなったことも事実である。

虚栄の売春

しかも、驚ろくべきは、貧乏を恥じる女性は、教育程度の高いものほど多いことである。新宿二丁目の業者の話によると、女給の約半数が旧制女学校か新制高等学校の卒業者か中退者だという。専門学校出も二一、三いるという。また、雪吹博士の調査対象となった吉原女給の場合も、小学校中退三〇、同卒業八一、高小卒または中学中退六四、中卒（旧制）二二、専門学校二——と、専門学校卒業者が顔をみせている。

外人相手の洋パンには、当初、斜陽族の令嬢などが得意然としてなっていたりしたように、赤線区域よりも学歴の平均が高いという数字が出ているが、いずれにしても、戦前より水準が高くなっているのである。

このことは、戦前は〝売られる〟という受動的なものが多かったが、戦後はある程度自分の意志で赤線女給になるものが出てきたことを証明している。女給たちの中には、同棲した男がグレン隊で、金をせびるなど、いたぶり続けるのでそれを逃れるためすすんで赤線に住込んだツワモノもいる。

住込んでいれば嫌な男と一緒にいる時間も少いし、経済的にも楽だというのであった。

つまり、これらの女たちは〝自主売春〟または〝虚栄売春〟ともいうべきものであろうか。

同レポートは、そこで、赤線女給になる前歴を調べている。彼女らは街娼→集娼、集娼→街娼あるいは他地域からの鞍替えというように、ひんぱんに移動しているので、適確な前歴調査は困難だが、アウト・ラインをつかむと、過半数は飲み屋・キャバレー・芸妓屋・特殊喫茶等の接客業または水商売につとめていた者と、青線区域、各種パンパンなど、すでに売春行為の経験をもっているものであった。

そのほかが、いわゆる素人から入ってきたもので、経歴・職業も多種多様である。

具体例をあげれば、次頁の表のようになる。

A子（二八）	金沢で家業の織物業に従事していたが戦災・地震・商売の行詰り・夫との死別などの悪条件が重なり、生活苦のため上京、いくつかの職業を転々としたのち最後に赤線に入った。
B子（二六）	石川県生れ。恵まれた家庭に育ち、女学校卒業後BGとなり、職場で知合った男性と親の反対を押切って結婚した。しかし、夫婦仲がうまくゆかず、結局離婚し、いまさら家に帰れないと転落の道を選んだ。
C子（二三）	東京生れ。医者をしていた父親の一人娘として、女学校卒業まで恵まれた家庭に育ったが、両親が相次いで急死、残った財産を親せきの者にごまかされ、恋愛結婚をした夫は結核で死んでしまった。やむなく現在の職業に入った。
D子（二二）	東京生れ。戦災後、馬小屋のようなバラックに、寿司詰めの生活が嫌になり、家出して転々としたが、特殊喫茶で働いているうち、男にもてあそばれて、結局のところ転落の詩集の終着駅は赤線であった。
E子（二九）	東京生れ。女学校卒業後、職業軍人と結婚したが、夫の戦死、敗戦による社会の変動で子供一人を養ってゆくため、いろいろな職業を転々とした。唯一の生き甲斐であったその子供に死なれ、失望と生活苦のため赤線に身を沈めた。
F子（二七）	茨城県生れ。実家で農業に従事していたが、結婚のため上京、その後夫に愛人ができ離婚した。だが、郷里に帰ることをきらい、飲み屋につとめているうち、友人のすすめで赤線に働くようになった。
G子（二八）	秋田県生れ。自小作半々程度の農家に生れ、家業に従事していた。父親が中風を患い家計を助けるため身売りした。
H子（三二）	東京生れ。請負師を父とし、小学校中退で転々と職業をかえ、最後に芸妓屋の女中となったが、母親・兄弟に送金するには収入が少ないので赤線入りした。
I子（三八）	東京近在の小地主の家に生れ、専門学校中退。夫は子供一人残して戦死し、敗戦後の社会の急変で実家にたよることもできず、飲み屋につとめていたが、収入が少なくて生活ができないので子供を親類にあずけた。
J子（四〇）	新潟県生れ。父は土木請負師であったが、清水トンネル工事で負傷し、その後八年間入院治療したが死亡した。そのため生活が苦しくなり、二十三才のとき飲み屋に勤めたのをはじめ水商売を転々とした末、二十五年から赤線に入った。途中、一度結婚したが失敗、離婚した。
K子（二五）	福島県生れ。小さいとき両親に死別、叔父の家にひきとられたが、叔父の家が貧乏だったので、小卒後つとめ出し、転々と職をかえた。そのあげく、こんどは逆に叔父一家の生活をみてやるために、赤線に住込んだ。
L子（二三）	東京生れ。四才のときに母親と死別、皮革の卸商であった父親と継母に育てられたが、戦災に続いて二十二年の水害で家を流され生活に困った。たまたま赤線で働いていた友人にすすめられて、赤線とは知らずに入ってしまったのであった。

しかし、中にはセックスすること自体が、好きで好きで仕方がないため、自分から志願して赤線入りをしたという女もある。元少年課で少女売春婦の人身売買を捜査していたP警部（現職につき仮名）も『永年、人売（註・人身売買のこと）の捜査をしていると、何だかんだといっていても、赤線にいる女たちは、結局、好きで好きでやっていることをみせつけられる」といっている。新宿二丁目のAにいたM子（二三）の場合もそうであった。

M子はとても二三才とは思えないほど老け込んでいたが、この店のナンバー・ワンだった。Aは二丁目でも、〝上玉〟を揃えているので知られた店で、他に美人がわんさといるのだが、M子の客は異常な執心をもって通ってくるのである。それというのも、M子は一晩中、商売気を抜きにして、客と一緒に情熱を燃し続けるからである。客が求めれば、五回でも十回でも、決して拒否しないというので有名であった。

M子は新宿の映画館の案内ガールをしていたが、自分の下宿というものを持たず、K大、W大、M大の学生たちと同棲していた。〝学生たちと同棲〟というのはおかしいと思われるかも知れないが、事実、その通りなのである。毎晩、彼女は学生たちと雑魚寝した。三人なら三人、五人なら五人、彼女の愛は平等であって、決して出し惜しみをしなかった。もちろん、ダブル・ヘッダーにも応じた。

ただ、いくら若いといっても、いくら好きだといっても、連日連夜では体の続くわけがない。どうしても、映画館の本業の方がおろそかになり、とうとうクビになってしまった。

「いっそ、それなら〝趣味と実益〟をかねて、楽しみながら金になる赤線にでも勤めたらどうだ」とすすめる人があって、Aに連れて来られた。

マダムは年より老けて見えるM子に、美人揃いが売物の店にふさわしくないと渋ったが、ものはためしと、馴染客の一人に旅館代を負担して、千駄谷の「♨マーク」でテストさせた。すると〝絶品〟と折紙がつけられ、たちまちナンバー・ワンにのし上ったのである。

また、ひところは外地帰りの女たちが多かった。例えば、N子（二九）の場合……

戦争中は看護婦であった。満州の牡丹江にいた。やっとの思いで引揚げてみると、両親は空襲で死に、弟二人が姉の帰りを待ちわびていた。どうかして学校に出してやりたいと思って、職を探し歩いているうちに吉原にきてしまった。「女給さん募集、給料多」という店先の広告をみて、気軽に応募した。高級喫茶とあるのに安心していたところ、その夜客をとれといわれて、ガク然としたが、時既に遅かった。泣く泣く覚悟をきめた。そうでもしなければ、生きて行けないと自分にいいきかせる毎日である。親のきめた許婚者ともう会えない。

人妻女給と通い女給

O子（三五）満州帰り。夫は戦犯容疑で引張られ二人の子供を連れて帰国した。夫が一年遅れて帰国する間、生活に困って吉原にやってきた。はじめは飯たきをやっていたが、客をとった方が金になるといわれ、現実に、自分より美しくもない女給たちが荒稼ぎしているのをみて心が動いた。決心して体を売りはじめて間もなく、夫が帰ってきた。不吉な予感がしたが、口をぬぐって家に戻った。しかし、所詮はわからぬはずもなく「きさまはケダモノだ」と叩き出されてしまった。仕方なく、子供は保育施設に預け、また吉原に逆戻りしてしまった。夫は間もなく再婚した。

Ｏ子の場合、夫が認めない〝人妻女給〟だったため離婚の憂き目をみたわけだが、戦後の赤線には、夫が認めた人妻女給もかなり多くあった。その大部分の、夫というのが、名前は夫でも、実質的にはヒモである場合である。バーやキャバレー或いは赤線などで働いているうち、馴染客と同棲生活を送るようになる。それまでは気持よくプレゼントしたり、やさしい言葉をかけたりしてくれている男が、全然、働かなくなり、「お前に入れあげたため借金ができた」とか「会社をクビになった」と居直る。そのうえ、調子よくおだてあげて、再び赤線に叩き売るのである。

もちろん、素人が夫のために身を沈めることもある。たいていは、夫が会社の金や公金を使い込んで、八方金策してもやりくりがつかず、泣く泣く妻の前借金で穴埋したりするのである。この種の夫は、妻に甘い、気の弱い男が多く、愛する女房が他の男のオモチャにされているかと思うと、いても立ってもいられずに店のまわりをうろついたりする。商売の邪魔になるから、と業者に追払われても追払われても、女房のそばにまつわりついて、とどのつまりいつまでたっても借金も返えせず、一層の悲劇に陥ったりする。

女房の方が、「女給商売は稼ぎのため、女としての生活は、やはり夫を持ち子供を作らなくては……」と、割切っている場合、〝通い女給〟というのが生れたりする。籠の鳥であった戦前にはみられぬ現象であるが、女給の地位（？）が向上した戦後に生れた新しい女給管理形態である。業者としても女に稼ぐという気持がある以上、管理に手間はかからないし、警察や税務署をごまかすにも都合がいいので、人妻女給には通いを認めるようになった。

この通い女給の存在を暴露してしまったのが、新宿二丁目の女給殺し事件であった。事件は三〇年一月三一日、新宿二丁目の特飲店「夢の里」で起った。

いつも、朝帰りの客を送り出すとともに、ハンドバッグを受取って帰って行く蘭子（二六）が、時になっても帳場に来ない。不審を抱いたママがのぞいてみると下半身を露出したまま、ベッドから転げ落ちていた。足は氷のように冷たかった。

「特飲街の殺人事件！」、駆けつけた刑事さんや事件記者たちは、被害者も加害者も何処の誰なのか、サッパリわからないのにびっくりした。加害者、つまりホシがわからないのは当然としても、屋内で殺されていた女の身許がわからないなんて。店の経営者も同僚も、夫と子供がいて、近くから通ってくるというだけで、本名も住所も何も知らなかったのである。

警視庁も、事件記者も、ここで始めて通い女給なるものの存在を知ったわけだが、手掛りがなくて思案投首のところひょこりと手掛りがやってきた。夫のジャック（二七）が二つになる娘を抱いて「夢の里」にあらわれ、いつもは九時までに帰ってくる蘭子が戻らないから心配してやってきたという。

ジャックは米国籍をもつ日本人。浮浪児だったところを米将校に拾われて、養子となり、可愛がられて育ったが、軍人は帰国するときジャックを捨てていった。怠け者であることに気付いたからであろうか。捨てられてからは得意の米会話をタネにあちこちに就職したが、すぐやめてしまった。勤めには不向きの怠け者ぶりが次第にはっきりしてきたからだ。

蘭子は当時売れッ子の赤線女給だったが、二世風の客ジャックに惚れて結婚した。しかし、蜜月の甘さは続いても、蘭子の貯金はいつまでももたなかった。アメリカの恩恵に寄生して生きてきたこの男は、最早働く気はまったくなかったからである。蘭子は通い女給として二度の勤めに出た。

よくかせいだ。殺された一月三一日の夜も、九時二〇分＝ショート五百円。一〇時＝ショート五百円。

一〇時半＝泊り二千円。一〇時三五分＝ショート五百円。計三千五百円を働いている。泊りのあとにショートをとっているのは、つまり回しであるが、二千円を払って待たされた加害者を怒らせてしまった。しかも、蘭子はこのとき、月経がまだ終っておらず、疲れ切っていたのが、いけなかったようだ。

ホシは二月一日自首したが、二一才の若いワイシャツ仕立工だった。秋には結婚する許婚者もいたし、それまでに赤線通いしたこともない青年であった。その夜はズボンでも買うつもりで、新宿に出てきたところ、客引き中の蘭子に袖をひっぱられたのであった。お茶代百円、風呂代百円を含めた二千二百円を払うと、相手の女、つまり蘭子が、帳場に金を置きに行ったまま帰らない。この間回しをとっていたのだが、やっと一一時に戻り、風呂には一緒に入って背中を流してくれた。

風呂から出ると夜食を食べてくるとまた姿を消した。仕立工はベッドの中で待っていたが、なかなか帰って来ない。ようやくベッドに帰ってきた女はズロースを二枚、赤い毛編みのズロース一枚、計三枚の下ばきで防備しており、背中を向けたまま寝てしまった。経験豊富な男なら、そんなときは女が疲れていることがわかる。そのまま寝かせてやれば、翌朝は申訳けない気持で、精一杯のサービスをすることも知っている。仕立工は若かったから、それを知らなかった。しつこく求めて、手ひどくはねつけられた。激怒して首をしめ、殺してから犯した。ジャックと一緒になる前の、客扱いのよかった蘭子なら、絶対になかった悲劇である。人妻女給の、通い女給の悲劇であろうか。

妻が殺されたことを知ったとき、ジャックが真先きに心配して、しつこくきいたのは南京虫のことであった。それがこの夫婦の唯一の金目のものではあったのだが……。

転落の動機

レポートの次に調べたのは、転落の動機である。前歴を調べることが転落の動機を知ることでもあり、複雑多岐の動機があるに違いないが、レポートに出しているのは、吉原の二人の女給に焦点がしぼられている。その一人X子のケースはこうだ。

父は徒弟から仕上げた染物職人で日本橋で京染呉服を営んでいた。二〇年三月の空襲で家、家財道具は殆んど焼失し、一家は新潟の知人を頼って疎開した。染物では食えなくなった父親は長野県に買出しに行き、リンゴを仕入れては行商をして生計をたてていた。それだけでは親子五人（両親と二七歳の姉、一八歳の妹、一二歳の弟＝年齢は調査当時）が食べられず、姉は東京の伯母の家に移り、船会社に就職した。X子は性格も弱く、派手好みなところから、百姓仕事の手伝いや、リンゴの行商手伝いがいやになり、新制中学三年のとき、家を飛出し姉を頼って洋裁店に勤めるようになった。

その後、二、三の店を転々としたX子は新宿のキャバレーにいるうち、進駐軍要員だという常連と親しくなり、肉体関係を結んだが捨てられた。ショックで棄て鉢になっていると、「もっと有利な条件で働かないか」と経営者に誘われた。経営者がキャバレーのほかに、数軒の赤線を経営していることを知っていたが、こうなったら何でもやってやろうと、売春に身を持ちくずした。ちょうどそのころ、偶然なことから、両親はX子の行状を知ったが、三月に一度ぐらい二、三万円づつ持って行くX子に、母親はだまって金を受取り、X子名義で貯金していた。もちろん、両親は「早く足を洗ったほうが良い」とはいっていたが、やがて、X子は突然姿をくらましてしまい、いまだに行方はわからない。

〝玉〟の入手経路

赤線が儲かる稼業である以上、そして女給が〝金の卵を生む女〟である以上、業者たちの関心は、如何にして女を集めるかにかかっていた。前の「転落の動機」で書いたX子の店の経営者などは、他の水商売をやりながら玉のスカウトをするといった抜け目のなさであった。しかし、これが商売の秘術とあってみれば、容易にその実態は調査できなかった。厚生省のレポートでもその点の調査は不充分なので、取締り当局である警視庁の分類によってみよう。警視庁では「親出し」「桂庵玉」「紹介」「募集」「ひろい」の五つにわけている。

①親出し	貧困家庭の親が、前借金を受取って娘を赤線に売るケース。戦前派の殆んどがこれだった。親孝行が美徳の時代では、娘は逃げることもできなかった。さすがに、戦後は親に売られて、といったケースは、少女の場合を除いては、めっきり減った。
②桂庵玉	周旋人が連れてくるケース。手数料をとるのはもちろんである。人身売買として騒がれGHQのメモランダム以降の売春関係法規で、必ずといっていいほど、厳重な処罰規定を設けられたのは、⑴と⑵の場合である。
③紹介	業者同士の紹介である。女給が商品である以上、新品を時折仕入れないと、客が飽きて他の店にいってしまう。（同じ店で二人の女給を抱くというのが、赤線のタブーであったから）さりとて、取締りが厳しいから、簡単に女を集めるわけにも行かない。そこで、業者同士が女の交換をするようになった。例えば、吉原と新宿二丁目のほぼ同格の店が、同じ程度の女給を交換するのである。（この〝紹介〟という名のチェーンストアと人身売買については次の項目「たかまる非難」一九八頁で詳述する）
④募集	店頭に「女給募集」の貼紙をかけておくと、結構、応募者がある。勤めの内容を知らせると、一度は驚くが大半は承知して住込んでしまったという。赤線区域という特殊条件があって、あたり一帯が焼野原という終戦直後ならいざしらず、素人が職を探しに赤線にまよい込むとは考えられない。やはり、他のシマから来たものとか、青線女給、街娼が多いのではないか。むしろ、⑴や⑵の取締りが厳しくなったことから、店の女給の大部分は自由意志で応募したものだとした業者のPRが強いのではないか。
⑤ひろい	終戦直後非常に多かったケース。街で行きずりの女に声をかけて、そのまま連れてきて女給にするのである。戦争で孤児になり職もなく困っている娘とか、カフェー・飲食店など水商売の女たちは「衣食住」の保証さえしてやれば、喜んでやってくるような社会状態だった。しかし、そのうち、衣類などを揃えてやると、そのままドロンする女も増え、業者も警戒するようになった。ただ周旋人たちが、駅頭などで家出娘をひろいに出るものが増えてきた。

その実態を〈内外タイムス〉のS記者が探ろうとして、おとりを使って上野に網を張ったことがある。厚

生省のレポートにもそれが引用されてある。時は昭和二七年の春であった。

最初は上野駅、次にデパートの屋上と場所をかえたが、何の反応もなかったので最後に上野公園の西郷銅像前に立たせたところ、約一時間後、三人の男が近寄ってきた。何となく娘のそばをうろついていたが、いったん立去った。三〇分ほどすると、そのうちの一番ハンサムなのが、一人でやってきて時間をきいた。答えると、「どうしてこんなところにいる」との質問。型の通り「田舎から家出してきたが、所持金は全部使い果し、いまさら家に帰ることも出来ない」ともっともらしく返事をした。

その男は「映画でも見ないか」と誘い、二人は映画館に入った。やがて、映画館から出てきた二人は地下鉄の浅草行きに乗った。記者とカメラは気ずかれないように尾行したが、電車が浅草についたとき、乗降客とのドサクサで見失ってしまった。おとりの娘に万一のことがあっては、と心配になり警察に連絡した。社でも担当者たちが蒼くなっているところへ、娘は午後四時ごろタクシーに乗って、無事帰ってきた。

娘の話によると「地下鉄から外に出て発車直前の都電に乗せられた。やがて深川の高橋で降ろされると、男は〝少し休んでいこう〟とある旅館に連込んだ。部屋に入ると男は〝トイレに行ってくる〟と出ていったので、荷物もそのままで、玄関まで飛出した。帳場で女将が〝どこへ行くの〟ときくから〝紙を買ってくるから部屋にある荷物をとってくれ〟というと〝紙はここにあるから買いに行く必要はない〟と断った。女将の態度や言葉から男と連絡がとれていることがわかったので、長居は無用とばかり、玄関にある下駄をつっかけて通りに飛出し、流しのタクシーを拾って逃げ帰った」のだそうだ。

このケースはうまく虎口を脱したが、普通家出娘が周旋人、つまり女体ブローカーに捕ると、次のような手口で売春ルートに乗せられるのである。その一つは、一週間ぐらいはうまいことをいって女をよろこばせながら、映画をみたり、ダンスをしたり、うまいものを食べたりして、すっかり娘の歓心を買う。そうなれば水を向けると進んで体を投げかけてくる。そうなったらしめたもの、セックスの楽しみを、朝に、昼に、晩に、教え込み、疲労の果て理性も失っているとき「実はいままでやっていた仕事がうまくゆかなくて困っている。まとまった金があれば、何とか切抜けることができるのだが……」ともちかけ、同情した娘に身体を売ることに同意させるのである。

このような〝柔軟戦術〟は、典型的なコマシヤ（女を蕩し込んで売りとばす女体ブローカー）のやり口だが最初から暴力や麻薬で、家出娘を征服するグループもある。暴力団の下部組織には多いケースで、一時に五人から七人ぐらいの男が関係を結び、恐怖と疲労からいいなりになって、早く解放されたい気持にさせて、売り飛ばすという手もある。

いずれにしても、女体ブローカーは、一度手中におさめた女は絶対に手離さず、赤線の中に入っても、小遣いをせびったりする。それだけではなく、玉抜き（店からやめさせること）して、他のシマに玉転し（一つの店をやめさせ他の店に住替えさせること）する場合もある。業者にみつかれば、手ひどいリンチを食うのはわかっていても、儲けの前には危い橋を渡る男もいるのである。

女給の稼ぎ高

「赤線復興す」の項で金の卵を産む状況の一部を紹介しておいたが、業者たちが法を犯してまで女を集めるのは、所詮は稼ぎになるからであった。元吉原病院長雪吹周博士が、吉原女給二百人を対象に調査したところ、二百人の平均は一日五人から七人の客をとることになっている。雪吹博士は「その時々の情況によって著しい増減があり、個人的な差があるので、一日に何人ぐらいの客と接するか（さらにはいくら稼ぐか）ということの平均値を出すことは困難である」とはいっているが、中には二〇人以上も客をとるツワモノもいて、業者を喜ばせているのである。女たちの接客数は、三人というのが二百人の女のうち五八人（二九《パーセント》）でトップ、ついで、四人（二二人、一一《パーセント》）十一人から二〇人（同）二〇人以上（八人、四《パーセント》）となっている。雪吹博士の調査した二百人は当時の吉原女給の八割を占めているので、大体はこんな割合いで客をとっていたとみていいであろう。それにしても、二〇人以上の客をとった女給が四《パーセント》もいたとは驚異的数字ではあるまいか。ちょっと信じられないが、彼女たちはどんなやりくりをして、一晩に二〇人もさばいているのであろうか。

そりゃあ、大変な〝重労働〟よ。肉体的にいってもね。あたしはせいぜい六人が最高で、二〇人なんてとても無理。六人のときは二人が泊りであとの四人がショート。ショートは問題ないとして、泊り二人の回しをとるのが一番神経を使う仕事よ。お客さんたちには回しであることを知られないようにするんだから。その秘訣？　あのね、最初の泊り客が寝入ったのを見届けて二人目の泊り客をとるのよ。男性って〝一合戦〟終ると、よく眠るクセがあるから、隣りから抜け出しても大丈夫、わからないわ。万一、わかってもなんとかいいくるめれば、一〇人中八人まではそのまま泊っていくわ。あとの二人はブウブウいったり、中には〝金をかえせ〟なんてダダをこねる客もいるけど……。それから苦心するのは朝。なぜって、男性って朝目が覚めるときまって求めるでしょう。あたしは考えた末、回しをとったときの朝は、自分から先にもちかけてすましちゃうの。でないと、同じ時間に二人が一緒に目覚めたら、それこそこっちは身体がひとつ。どうしようもないもの。ウッフフー…でもその点、お馴染さんはいいわ。たとえ泊りをとっていても黙っててひとりで寝ていてくれるもん……。だから、二〇人ものお客をとるひとは、きっとショートでばりばり稼いで、回しをうまくとっているんじゃないかしら。ほかに考えられないわ。

これは、その当時、X店のナンバー・ワンY子（二八）の接客裏話である。Y子はさらに、自分の一カ月間の接客状況を次のように教えてくれた。次頁の表は、一七年一一月の〝接客内容と稼ぎ高〟である。

こうしてみると、Y子の実働日数は二八日。この間の接客数は、遊び客計六二人（稼ぎ高四万五千百五〇円、一人平均七百二八円）で、泊り客は計二七人（稼ぎ高計五万四千八百円、一人平均二千二〇円）である。両者を合せると、八九人の男性とベッドを共にして、九万九千九百五〇円、ざっと一〇万円というわけである。しかし、実際に生理日も客をとりつづけてきたY子の手取り額は三万五千九百八二円にすぎない。業者は一割の天引き（税金や諸雑費にあてるとはいっているが、実際にはそんなにかからない）を含めると、六万四千七百二七円がところ、ポケットに転げ込む勘定になるのである。

ちなみにY子の〝営業〟経験は四年。「別に経験年数が多くなるからといって、玉代そのものはあがるわけじゃないけど、やっぱり、回しを上手にとるかとらないか、ショートをうまく数でこなせるかは、経験がモノをいうわね。それから三万五千九百八二円の収入があっても、〝営業用〟としてクリーニング代千二百円、ちり紙代七五円、衛生費五百円、組合費九百円、化粧品代千円、夜食及び交際費三千円、冬ドレスと下着、靴下など一万二千六百円とか、郷里への送金二万円を差引くと四千円そこそこしか残らないのよ」と、Y子は結んだ。

一日	遊び七人（計四千円）泊り一人（千六百円）天引き（五百六十円） 業者（三千二十四円）本人（二千十六円）
二日	遊び二人（千百円）泊り一人（二千百円）天引き一割（三百二十円） 業者（千七百二十七円）本人（千百五十三円）
三日	遊び二人（千五円）泊り一人（千八百円）天引き（二百八十五円） 業者（千五百三十九円）本人（千二十六円）
四日	遊び一人（七百円）泊り一人（千三百円）天引き（二百円）業者（千八十円）本人（七百二十円）
五日	遊び二人（千三百円）泊りなし、天引き（百三十円）業者（七百二円）本人（四百六十八円）
六日	遊び三人（千七百円）泊り一人（千八百円）天引き（三百五十円） 業者（千八百九十円）本人（千二百六十円）
七日	遊び一人（七百円）泊り一人（三千円）天引き（三百七十円） 業者（千九百九十八円）本人（千三百三十二円）
八日	遊び二人（千二百円）泊り一人（千六百円）天引き（二百八十円） 業者（千五百十二円）本人（千八円）
九日	遊びなし、泊り一人（千五百円）天引き（百五〇円）業者（八百十円）本人（五百四十円）
十日	遊び三人（二千四百円）泊り一人（千五百円）天引き（三百九十円） 業者（二千百六円）本人（千四百四円）
十一日	遊び一人（三千円、但し朝から）泊り一人（千八百円）天引き（四百八十円） 業者（二千五百八十二円）本人（千七百三十八円）
十二日	遊びなし、泊り一人（二千五百円）天引き（二百五十円）業者（千三百五十円）本人（九百円
十三日	遊び三人（二千百円）泊り一人（千八百円）天引き（三百九十円） 業者（二千百六円）本人（千四百四円）
十四日	遊び三人（千九百円）泊り一人（二千円）天引き（三百九十円）業者（二千百六円）本人（千四百四円）
十五日	遊び三人（二千五百円）泊り一人（千六百円）天引き（四百十円） 業者（二千二百十四円）本人（千四百七十六円）
十六日	公休日
十七日	遊びなし、泊り一人（二千百円）天引き（二百十円）業者（千百三十四円）本人（七百五十六円）
十八日	遊び五人（二千九百円）泊り一人（千八百円）天引き（四百七十円） 業者（二千五亘二十八円）本人（千六百九十二円）
十九日	遊びなし、泊り一人（四千五百円、但し午後六時から）天引き（四百五十円） 業者（二千四百三十円）本人（千六百二十円）
二十日	遊び一人（五百円）泊り一人（千三百円）天引き（百八十円） 業者（九百七十二円）本人（六百四十八円）
二十一日	遊び五人（三千七百円）泊り一人（千八百円）天引き（五百五十円） 業者（二千九百七十円）本人（千九百八十円）
二十二日	遊び四人（二千九百円）泊り一人（二千五百円）天引き（五百四十円） 業者（二千九百十六円）本人（千九百四十四円）
二十三日	遊び二人（千五百円）泊り一人（二千百円）天引き（三百六十円） 業者（千九百四十四円）本人（千二百九十六円）
二十四日	遊びなし、泊り一人（千六百円）天引き（百六十円）業者（八百六十四円）本人（五百七十六円）
二十五日	遊び二人（千七百円）泊り二人（三千円）天引き（四百七十円） 業者（二千五百三十八円）本人（千六百九十二円）
二十六日	遊び三人（二千百円）泊り一人（千八百円）天引き（三百九十円） 業者（二千百六円）本人（千四百四円）
二十七日	公休日
二十八日	遊び一人（千円）泊り一人（二千七百円）天引き（三百七十円） 業者（千九百九十八円）本人（千三百三十二円）
二十九日	遊び三人（二千六百円）泊り一人（千六百円）天引き（四百二十円） 業者（二千二百六十八円）本人（千五百十二円）
三十日	遊び三人（二千六百円）泊り一人（二千百円）天引き（四百七十円） 業者（二千五百三十八円）本人（千六百九十二円）

天引き：一割　業者：業者取り分　本人：本人取り分

しかし、Y子の場合は、食費は業者が持っていたのだからまだいい方だと店主は説明する。

これが吉原では好条件の方に入る。四分六の玉割りだが、食費をわれわれが負担するので、実際は折半とさして変らないからだ。だから、従業婦にとってみれば、むしろ有難い玉割りではないか。吉原の中でもひどい店では、一割天引きの残額を四分六にわけた後、食費として一日百円――百五十円を、設備費という名目で一日百五〇円の計三百円も差引いている店があるくらいだから。こうなると、実際は、七分三分以上の玉割りと変らないでしょう。

事実、Y子は「これは内緒だけど……」と洩してくれた話にこんな例がある。

内縁の夫から梅毒を移されたうえ、捨てられて吉原のB店に入ったS子（二三）は、働きながら病気を直したため、業者から六万円の借金を背負った。玉代の精算は十日目毎。遊び三百円、泊りで七百――千円の安い店なので、とった客の数の割には商売にならず、月収は約七万円ほど。だから、天引き一割と残りから六分を差引いた本人の手取りは二万五千二百円となる。そこから、さらに月一割の約束の利子六千円、食費四千五百円、組合費千五百円、ちり紙や衛生費、化粧品代など三千九百円、雑費二千五百円をもっていかれると、手元に残るのは僅か六千八百円にしかならなかった。これではとうてい着物一つ作れない状態であったという。そのうち、S子は客の顔をみる度に、ちっとも儲からないということを無意識のうちに考えてしまい、一種のノイローゼになってしまった。

接客関係について、雪吹博士の調査報告を紹介したついでに、中村三郎氏が都内の赤線区域を自分で回り、千七百六〇人の女給に一人一人面接して、調べた女給たちの〝営業ぶり〟をみてみよう。それは、「特飲業態婦特殊状態調査」と名付けられるもので、二九年から三二年四月までの実態である。

営業の統計一カ月の平均個人収入としては、時間客が六七人あって四万二百円、泊り客は二九人三万一千九百円で計七万二千百円。折半として三万六千五〇円となる。(註・しかし現実には四分六で女の取り分が少かった)また、セックスの回数はというと、時間客六七人で、一人当り一・二回の計約百回。泊り客二九人で一人当り二・二回の計六〇回。あわせて、一人の女給が一カ月間につとめる回数は百六四回となっている。

一日の所要時間別 ①接客時間は約一〇時間三〇分で、主な内訳は接客上の整理タイムが泊りと時間客とも各二〇分ぐらい、整服と化粧時間約三〇分、洗滌と予防に一人一回約一五分、客との会話時間が泊り、時間とも約一時間。誘客タイムが一時間二〇分から二時間四〇分。②自由時間は約一三時間三〇分で、主な内訳は検診・治療・雑談・通信などにあわせて二時間、外出三時間、睡眠は午睡を含めて平均八時間半となっている。この自由時間に洗濯したり、映画をみたり、お茶・お花・料理などを習ったりするのである。

労働省のレポートによると、彼女たちの楽しみは、映画・読書・レコード・芝居・親や子供を訪ねること・扶養している弟妹の成長をみること・馴染客が来るなどの順。反対に一番嫌なのは身の上をきかれること・外出して変な目でみられること・家から店に帰るときの気持・嫌な客をとるとき・客から品物扱いにされるとき・映画などから出て自分の帰る暖い家庭がないと感じるときなどの順。筆者たちが調査したときは、夕方、店に立つため鏡の前に向うのが一番悲しいと答える女の子が吉原にも新宿にも意外に多かった。普通なら、化粧するときは女の喜びであるはずが、逆であるのは、彼女たちの境遇の苦しさがさせるのだといえようか。

客の性格

戦後の赤線女給は、客に対しても自主性を持ってきた。例えば、生理日に泊りの客をとったが、ショートの客だけで体が疲れているときなど、客に向ってこんな牽制の仕方を試みる。「ねエ、ほんとのお馴染さんになりたくない？　遊び方の上手な人は、初会には手も触れない人が多いのよ。女って馬鹿なもんだから、そうなると逆に身も心も燃えちゃうのね。私、あんたが好きになれそうだけど、あんた、私をうまくリードしてくれる？」。

結構、それをきいてくれる客が多くなったという。もっとも、これはうまくもちかけないと、前に述べた新宿二丁目の特飲店殺人事件みたいな惨劇を生んだりするのであるが……。総じて、客が女に優しくなったことは、各シマの女給たちが認めている。

戦前派の年増女給にいわせると、「金で買ったのだから……」といった態度の客は、めっきり減ったという。反対に「こういうところで働いていて辛いだろう」と慰め、力づけてくれる人が増えた。

「職業だから一生懸命、身体を大切に働いて、一日も早く足が洗えるようにね」とチップを置いて帰る人もある。学生も絶対に赤線女給だといって軽蔑しない。

チップのかわりに鏡台・指輪・クツなどを買ってくれたり、中にはタンスまで買ってくれた人もある。総じて、金ばなれが良くて、しつこくない客が好かれているようだ。商売だから、金のことは大切だが、それも気分よく使うという条件を彼女たちは客の上に課している。

反面、あまり金を使いすぎる客も逆に敬遠される。評論家神崎清氏が、吉原の女給を集めて開いた座談会の記録「吉原の屋根の下」から、女たちの意見を引用してみると……

S子：この間は二〇日も居続けた人がいた。商売とはいえ、しまいにはこっちの方が空恐ろしくなっちゃった。だっていくらでもお金もっているんだもの

――二〇日も居続けたらどのくらい費用がかかるの？

S子：居続けといっても朝帰って夜にまたくるんですよ。費用の点は公開をはばかりますが……。会社員といってたけど、ヤミ屋ね。まじめな、普通の人ならそんなに続くもんじゃない。そんな人はいくら金を使っても安心できないわね。

しかし、警戒はしていても、調子よく優しい言葉をかけてくれる男に、コロリと参ってしまうのは赤線女給の悲しい性である。えてして、与太者には、女給たちが愛する対象をほしがっていることを知っていて、空々しい優しい言葉を並べたてて関心をひく。馴染になると、朝帰りがけにメシ代を都合しろなんてたかりはじめる。少し知能的な奴は、結婚しようと同棲するまでボロを出さない。同棲したが最後、貯金通帳を空にしただけでなく、女の衣類・装飾品など、すべてを叩き売らせてしまうのである。

「堅気と結婚したい……」

それでも、女給たちの夢は結婚することであった。労働省のレポートによると、将来の希望、更生の道をきくと、結婚したいと答えるもの、独立して商売をやりたいと答えるものが大部分で、堅気の勤めをしたいと答えたものは極く僅かであった。それについて同レポートは「男の醜さを毎日みせつけられている彼女たちではあるが、生活のために売春にまで転落せざるを得ない現在の女性の社会的経済的地位を、身をもって知

らされているだけに、かえって結婚による物心両面の安定を求める気持が強いのであろう」と解説している。

結婚そのものは、しばしば述べてきたように極めて成功率の低いものであったが、相手方がまともである場合は、逆に正常な家庭を維持するものが大部分であった。しかし、正常な相手にはいろいろな制約があるようだ。雪吹博士の調査によると、ほとんどが中小企業のうち、むしろ小企業に属する部類の経営者や労働者で、青少年時代を不過に過し、自分の腕一本でたたき上げたような人が多いとして、次の業種を挙げている。

大工、左官、トビ職、石工、土工、植木職、彫物師、指物師、工員、小工場主、小商店主、香具師、運転手、自動車修理工、役者、公吏、巡査。

業者と女給

吉原というところは旧来の観念（公娼時代の営業という意味）をもってきてもらっては困る。了簡を入れかえて、正業につく決心こそ大切であり、万一、女郎屋根性を生かす時には再び人間の外という取扱いを社会人からされる（中略）しかし、前記のつもりで商売をはじめると食物、飲み物は商売にならずして店舗は女給の占領下となってどうにもしようがない。女給がいなければ客は寄りつかず客は曰く〝食ったり飲んだりするだけならば他に行く。女に用があるから来た〟という。女給は自分の元に来た客だと判然たる立場に立って取引をする。それではならぬと店主がいえば商売が成立たぬ。女給の取引は女給の勝手であって、中間者の立入りを禁ずるとは取締り当局の厳達である。こういう次第で業者は規則にはじまって規則の取締りの中に終始しているのである（中略）軒先借りた女給が営業の主権（金銭の授受）を握ってしまい、店主は止むなく、そのなすがままの毎日を送り……その思召を貰っているという有様が現在の業者の立場である……。（成川敏著『夢の吉原風土の端書』）

戦後強くなったものは女と靴下」とはよくいわれる言葉だが、吉原の業者をはじめ、全国の売春業者にとって、それは実感であった。GHQのメモランダム以降、あらゆる売春法規は女性保護の立場を貫いてきており、それによって基本的人権にめざめた女給たちは、もう籠の鳥ではなかった。親や弟妹たちのため、あるいは夫のために赤線に身売りしたとしても、昔流の苦界に身を沈めるほどの絶望感はなく、むしろ稼ぎ場所としての意識が強いのである。そこで、売春業界きっての実力者といわれる成川氏に、女給の強くなったことを嘆かせる仕儀となるわけであった。多くの売春業者が女給の管理方法に戸惑ったのは当然であったろう。それまでがボロすぎたのではあるけれども……。

〝強くなった女給〟のはしりは、吉原にできた「吉原女子保健組合」の誕生であった。この組合は二十一年十二月十九日、「民主主義の昂揚と婦徳の涵養につとめ……保健衛生の徹底……」を目的として発足した。性病予防法が施行された二十三年九月一日から約二年前に、組合を作って自主的に検診をしていたのだから、さすがは吉原の女給ではあったといえる。また、それだけ、女給の地位の向上についても、熱心であり、戦闘的であった。以後、各地の赤線でも続々女子組合が結成されるようになった。

吉原の女子組合が、初代の組合長に河合澄江という女性を選んだことも、女給権（？）獲得に幸いした。彼女もいまは伝説上の人物となってしまったが、〝吉原のジャンヌダーク〟と呼ばれ、業者からは恐れられ、仲間からは信頼される存在だった。R・A・A施設「小町園」の卒業生で、戦後売春史の草分け的存在であり、R・A・Aが「性病の蔓延」で自滅したことを身に沁みて知っているだけに衛生問題に注意の行届いた女傑であった。業者は小太りでややヤブにらみの彼女が姿をあらわすと、思わず首をすくめて舌打ちするほどのファイターであった。
河合さんは評論家神崎清氏との対談で次のように語っている。

組合が出来てから、吉原では女の子が業者と対等でものがいえるようになりました。たとえ個人的なことでも、全部組合を通じて話していくようにしました。組合費を女の子から徴収しておきながら、組合には女の子が加入してないことにして、自分のポケットに入れていた悪質な業者もいました。なかには一万円もピンハネしていたのもありました。こうしたことは、みんな組合の相談部に持込んでくれれば、組合がそれを解決していました。

また〝ひと月三百六十円は高すぎる〟と組合に文句をいう業者もありましたが、土台あたしたちの組合の経営に業者がくちばしを入れる権利はありませんよ。〝女の組合は随分金がたまったそうだが何に使うんだい〟とひやかす業者もいます。何に使おうが業者には関係のないことで、全くひまな人もあったもんですよ。

（注・月三百六十円という組合費は、二十一年当時としては日本最高の組合費であった。しかし、組合はその八割までを衛生費に投入したという。そのためか、週二回の自由検診を実行した結果、性病の保菌者が八パーセントか五パーセントに低下したと組合の記録にある）

そのほか〝組合の幹部になると使いにくくて仕方がない。生意気になって困る。なるべく会合には出ないように――〟などという業者もいます。どうかするとあたしたちと口もきかせないという業者もいるんですよ。全くあきれます。

所得税の準備金に業者が女の子の収入の一割を天引きして当てようとしたとき、組合は〝絶対反対〟を叫んで、遂に業者をあきらめさせましたが、それ以来スッカリ憎まれてしまいました。しかし、なに分にも一ヵ所に長居する女の子が少なく、あちこちとわたり歩く女の子が多いので、組合の精神はなかなか徹底しないし、団結も決して強いとはいえないので、業者に乗ぜられることが多いのが悩みですよ……」

業者が、四分六分で分けた女給の取り分の中から、さらに一割を税金の積立てとして天引きしようとした一件は、売春業者のどん欲さを物語っている。それを阻止した河合さんの政治力も大したものであったが、自分でいうように業者の憎まれッ子になったのも事実であったろう。河合さんはそうした迫害の中で、二九年三月、赤線女給稼業をやめるまで、勇敢に戦い続けた。

しかし、業者も〝無為無策〟で女給たちの好き勝手にさせていたわけではない。いろいろな手で女給たちをがんじがらめにすることを考え出した。例えば、業者がすすんで女たちに金を貸して調度類や衣類を買わせるのである。女給にしてみれば、夢に描いている結婚の準備のためとしても、立派な家具・調度品を買い整えることは楽しいことだし、客を迎えるにしても都合がいいわけだ。従って、二十五、六年ごろからの女給たちの本部屋（自分の部屋、回しをとるときは何の調度もない別の部屋に連込んだ）には、洋服ダンス・電蓄・鏡・整理ダンス・ラジオなど、五、六〇万円のものを置いているのも、そう珍しいことではなくなった。もし彼女たちが店から逃出そうとしても、これだけの品物を置去りにするわけにはいかない。業者はこの女の心理を利用して、高い品物を押しつけ、一石二鳥の儲けを計っていたのである。

だから、後年、赤線廃止になって、女たちが店を出るとき、シマの中は運送屋のオート三輪でごった返すという現象がみられたのである。もっとも、女たちも業者の逆手にうって出て、前借金を踏倒して警察に駆込む。前借は無効の建前だから、せっかく差押えた調度類も、泣く泣く引渡したりしていた。

女給の更生

最後に、既述の中村三郎氏の調査レポートによって赤線女給の更生問題をのぞいてみよう。中村氏は、(A)自力更生の有資格者とみるべきもの(B)指導によって更生可能とみるべきもの(C)強権または愛情の根気によらなければ救い難いもの―の三つに分類している。

(A)(千七百六四人中四百五五人、二六パーセント)

◇日常の生活状態は、午前八時から正午までの一定の時間に起床、洗濯や室内掃除をし、衣類の補修などをしてから化粧にとりかかる。正午から夕刻までは読書とか買物、外出または午睡。お茶とかお花などの稽古をするものもある。そして夕刻からは熱心に商売にはげむ。食事の時間は朝十時、昼食は午後四時で夜食は一二時ごろが普通。

◇風紀面ではとくに街頭で客引きをしないよう注意し、自分の職業に対しては自覚して自粛自戒につとめている。百パーセント優良と認めてよい。

◇衛生面では自発的に検診をうけており、客にも洗滌をすすめるなど積極的である。

◇接客態度は親切で無理をいわないから、インテリの中年客層が多く、結婚による更生率が高い。また同輩に対しても、協力と融和の相互援助をつねとし、社会に対しても自分をやたらに卑下せず、服装も割合に地味である。

◇更生面についていうと、将来の設計は家庭復帰や独立で商売を願うものが多く、その願いが達せられるよう日ごろから無駄使いをやめ、貯金している。百万円以上の貯金をしているものが十一人もあった。また客と愛人を区別して、ヒモは絶対につくらないようにしている。ヒモが出来ると独立がむずかしくなるからである。

（B）（八百八七人、五〇パーセント）

◇日常の生活状態は午前中は（A）と大体同じだが、午後になると雑談したり、前夜の客のあらさがしをしたりして時間をつぶす。ただ商売女としては（A）よりも客にもてる面をもっている。

◇風紀面では一応形式的には順法だが、客引きなどを自粛して、お客を他人にとられたら損だという考え方をしているものが少なくない。採点すれば七十点というところ。

◇衛生面ではとにかく検診はうけるが義務的であり、積極性はあまりみられない。

◇接客態度はサービスがよいので客うけはするが、客の選り好みがはげしい。同輩に対して協力性が少ない。

◇更生面では貯金もあり、将来の設計もたてているが、男性にだまされやすく、貯金と更生は別と考えている女性もいる。無駄使いも多い。客に惚れやすいのがこの種女性の欠点。

（C）（四百二二人、二四パーセント）

◇日常生活はルーズで、起床は不定、顔はクリームでふくだけで口などもゆすがぬものが多く、部屋の掃除、洗濯も自分ではしない。下着まで洗濯屋に出し、客と交渉後、使った紙を鏡台や押入れの隅に押込めたりするから悪臭が強い。夜になるとバンプ型になるものが多く、昼間とは別人のようになる。

◇風紀の面では法律や他人の迷惑など全く考えず、正常な職業観念もないのだから、平気で街路に出かけ客をひっぱる。仲間のいうことなどは全く聞かない。

◇衛生面では業者や組合からの呼出しでやっと検診をうけたり、どうしてもイヤだといって外出することが多く、洗濯などもルーズだが、不思議に罹病率は少い。ただソウハは多い。

◇接客状況は客の好き嫌いがはげしく、気に入った客には自費で遊ばせる。だから〝いい客〟がつかない。そして身勝手であるから長続きせず、常連客にもとぼしい。

更生面ではその日暮しであり、明日は明日の風が吹くといった調子だから将来の設計もない。買食いも多く、借金はあっても貯金はない。パチンコ・花札・競輪などのほかに趣味はなく、情人をつぎつぎと作るからヒモもつきやすい。どんなことがあっても売春はやめないとふてくされている。

ともあれ、赤線の灯がともっている間、女給は〝肉体の使用〟を遊客にまかせることによって、生活を続けてきた。業者はさらにそのピンハネをして、ぬくぬくと甘い汁を吸って富を築きあげていったのである。廃墟の中でムシロのカーテンをしながら営業した業者たちは、いつの間にか幾軒かの特飲店を建てたり、立派な邸宅と自家用車まで持つようになったりするものが多かったが、逆に女たちは肉体の酷使と病菌ですり減らして、実際の年令よりも老けているものが殆んどであるのと、全く対照的ではあった。

たかまる非難

売春は非人道的行為で民主主義に反するからやめさせるべきだという意見は、次第にたかまってきたが、次々と各地で「人身売買」が明るみに出るとともに、世論は次第に強硬となった。続いて、「チエーン・ストア事件」「女給の駆込み訴え」が報道されると、売防法制度の機運が固まるにいたったのである。

売春チェーン・ストア

売春防止法の保護更生規程がすでに施行され、罰則規定もあと八カ月後には施行されようという、三二年八月末、新宿二丁目の赤線地帯で、なんと七五人の従業婦を抱え、八軒の特飲店を経営していた〝売春株式会社〟が警視庁保安課に売春、風俗営業取締法施行条例違反などの疑いで摘発された。

売春に関する限り〝安全地帯〟といわれながらも、すでに売春防止法が制定されて業者の〝運命〟も八ヵ月後に決っていた。ところが、転廃業を真剣に考えなければならない時期に、逆に平気な態度で、しかも〝株式会社〟という、いわばチェーン・ストアーをつくって、悪質な売春企業を続けていたことが明るみに出されたのである。

もう少し、くわしく、この、〝売春株式会社〟の実態をあばいてみると、この会社は新宿区新宿二丁目、M商事株式会社というもので〝資本金〟は三百万円。社長はキヨ（四六）、専務取締役は弟の新一（三三）、支配人正吾（四六）という顔ぶれで発足したのは二六年の一一月のこと。そして〝黒幕〟はキヨの愛人清造（四六）という男であった。（年令はいずれも当時）

キヨらが新宿の赤線地区で、赤線商売をはじめたのは二三年のことであった。戦後の混乱期に、都内の各赤線地区が繁盛し、業者は家屋の増・新築を行ない、わが世の春を謳歌したのと同様、キヨらの〝営業成績〟は非常によく、面白いほどもうかっていた。

そこで、キヨらは、この際〝営業の場所〟である店を拡張しようと、経営不振の店の営業権をつぎつぎと手に入れては、拡張につぐ拡張を重ねた結果、二五年ごろは八軒の店を支配下におくほどの一大営業主となった。

ところが、その年、清造が従業婦募集にからんだ職業安定法違反に問われたことと、キャバレーなどへの投資に失敗して、破産宣告を受けたので、キヨが表面に出ることになり、二六年の一一月、三百万円の資本金でM商事株式会社を設立した。

つまり、清造とキヨが共謀して、売春企業を組織化することをはかったわけである。大がかりな売春チェーン・ストアの出現であった。

こうして出来上ったM商事株式会社は、八軒の経営を支配下におき、名義人だけを元の持ち主のままにして、本格的な営業のスタートをきったのである。

同社に〝雇われ〟た従業婦数は、常時七五人といわれている。ちなみにそのころ新宿の赤線には、ざっと四百六〇人の従業婦がいたという記録が残っているから、なんと六分の一がM商事いやキヨらに支配されていた勘定になる。

警視庁が押収した帳簿によると、M商事の毎月の収入は、五百万円前後にのぼっていたことがわかった。

一人の従業婦が、例えば、泊り客一人（二千五百円）時間客三人（千円づつで三千円）を一日にとったとすると収入額は五千五百円。これを四分の六の玉割り（稼ぎ高の配分比率）にすると業者は三千三百円で、従業婦は二千二百円。月に業者は九万九千円で、従業婦は六万六千円となる。このほかに食費とか衛生費とか、前借金の天引きだとかを加えると、業者は月に楽に一〇数万円の収入がある計算がなりたつ。

一人の従業婦から月に少くとも一〇万円の収入が得られ、しかもその従業婦が七五人もいたとあっては月収五百万円も決して多い額ではなかろう。

ところが、こうしたボロい稼ぎがあったのに、キヨらは従業婦に対する扱いがきわめて冷たかった。一カ所に炊事場をつくって、そこで一斉給食するなど、従業婦に対しては、徹底した悪くどい管理を行っていたのであった。

ところが、M商事のようなかたちの売春チェーン・ストアは、まだまだ新宿ばかりでなく、各地の赤線に存在していた。

初期のころから、戦争が終って三〇年ごろまでは、例えば吉原の業者と新宿の業者が手を結び、互いに店の名前、ネオンこそ違え姉妹店としての契約を結び、従業婦を適当な時期に住みかえさせて稼ぐといった手口が多かった。

これは一人の業者、一軒の店の経営が手いっぱいで、営業を拡張しようにもなかなか人手不足などで出来ない、という業者がよくやった手口であった。そして住みかえさせる従業婦をその都度〝初見世〟と称して馴染客におしつけ、法外な玉代をむしりとったのである。

「吉原―新宿」「鳩の街―洲崎」「亀有―玉の井」といった赤線でこの方法はよく行なわれていたが、三〇年をすぎ、そろそろ、赤線地帯に対する世論がきびしくなり、取締りの単独立法制定の動きなどが出てくると、業者は法で禁じられている〝名義貸し〟を無視、個人営業であるのに法人組織に営業をきりかえるようになった。そして、その法人組織によって、他店を併合、業者店舗を拡大して稼いでいったのであった。

この法人組織による営業について、警視庁もうすうすは感じていたが、三二年の暮れに行なった実態調査の結果、意外にこれらの組織に化けて、チェーン・ストア形式の営業をしている業者が多いのに驚いた。そして、検討を加えた末、風俗営業取締法施行条例の十六条に規定している「営業の名義を他人に貸してはならない」項目に該当するとして、この営業者に通告した。

その通告は「いったん、営業許可を個人名義でうけていれば、親・兄弟・親せき・知人などを集めた名目だけの法人組織は違反である。名義人が法人の一員として実際営業にたずさわっていても違反になる」と同条例を拡大解釈したものであった。

もっとも、売春防止法の全面施行を数ヵ月後にひかえ、業者の転廃業を指導・監視していた警視庁は、こうした営業の規制と同時に従業婦の新規雇い入れ禁止、営業時間の厳守、などの三項目をあわせて業者に通告、赤線のネオンをスムースに消そうとはかった。ひとつの作戦でもあり、そして、法人組織の営業については「三三年一月末までに営業をやめるよう。やめない場合は摘発して営業取消処分にする」と警告したのである。

吉原三百年の歴史とともに栄えた大まがき「角海老」をはじめ、このとき吉原だけでも全業者数二百七十軒中、百二四軒が、また新宿では四四軒、洲崎に二〇軒、鳩の街、玉の井に四九軒のこれら法人組織の、チェーン・ストアがあったのである。

結局、警視庁の通告に従って各赤線地帯の法人組織による営業は三三年一月末でネオンを消し、従業婦を苦しめた売春チェーン・ストアも消滅したのであった。

人身売買ルート

新宿の赤線で、月収五百万円という稼ぎをあげていた売春チェーン・ストア、M商事株式会社が摘発されたのに続して、同社と新潟福島両県下を結ぶ〝人身売買ルート〟が明るみに出された。同社で雇っていた七十五人の従業婦のほとんどが、このルートによって売られてきていたのであった。このような売春と結びついている人身売買、つまり女体供給ルートは、赤線のネオンが消えた今日でさえも、絶えることなく活発な動きをみせている。

神崎清氏の表現をかりれば、

「東北と関西の二大人身売買ルートはついに箱根の山で握手、互いにきそって女体を供給している」

というほどである。

ところで、人身売買の歴史は古い。江戸時代には、売春婦の身売りや鞍替を仲介することを業とする者を〝女衒〟（ぜげん）といった。女衒は貧乏人の家とか、病気・水火の厄に遭って困りぬいている家などをまわって〝玉〟を買出して歩いた。他人の不幸につけ込んで商売をした彼等は、世人に嫌われ、悪竦残忍の権化のように思われていたのだが、社会保障の確立していない当時の情勢下では、必要な存在でもあったろう。

「家」を重んじ、人権の意識のうすいところでは、家の不幸を救うために身売りするのが孝行のように思われ、泣く泣く娘が売られて行くことが美談として語られた。女衒は、これらの貧しい家を救うため、身売りをする者に便宜を与え、ともかくも、その家の窮乏を救うのに一役買っていたのである。

二〇世紀の後半になっても、社会保障は十分に確立されず、人権の自覚は十分でないため、身売りをすることによって、家の窮乏を救うことが行なわれるのはいまだ跡を断たないし、仲介をする周旋人・ブローカーもやはりあとを絶たないのである。また華やかな都会の生活に憧れて、地方から家出してきた娘が、駅などでまごまごしているところを周旋人・ブローカーに目をつけられて、その毒牙にかかり、転落する例も少なくない。

参考までに、二九年の労働省婦人少年局の調査資料によると、「売春婦になることを勧めた人、または世話をした人があるか」という質問に対して「ある」と答えたのが、全体の七割を占めており赤線に限らず、多くの売春婦は、自分から積極的に転落するのではなく、他人の仲介を受けてこの世界に入った事実を示している。だから、このような周旋人・ブローカーさえいなかったら、介在がなかったら、転落しなかった女性もかなり多かったであろう、ということも出来よう。

さて、では人身売買は実際にどのように行なわれ、いまも行なわれているか。赤線を中心として実例をあげながら解明してみよう。

三〇年の六月、不況にあえぐ常磐炭鉱を舞台に、炭坑夫の女房や、年頃の娘など四二人を吉原や立川などの赤線に売りとばした失職の炭鉱主やブローカー二人が福島県の勿来署に捕まった。炭鉱不況という当時の世相のなかに起きた事件だけに、大きな社会問題として波紋をまきおこしたが、この事件の全貌というのは次のようなものであった。

捕った二人は、常磐炭鉱の元炭鉱主、勿来市三沢町、行商人源二郎（五二）とブローカーの同市小川前之、藤馬（四四）。（年齢はいずれも当時）

源二郎は二八年の六月まで炭鉱を経営、藤馬も地元で採鉱夫をしていたのだが、閉鉱となって失職、生活に困ったので、同地方の中小炭鉱地帯が不況のドン底にあるのに目をつけ、人身売買を計画した。そして、吉原に二人、立川に二八人、埼玉県熊谷市の青線に一二人、というぐあいに計四二人の女性を売りとばしたのだが、その都度二人は、周旋料として一人につき五千円から一万円を赤線業者からとっていた。

売りとばされた被害者の女性たちは、子供四人を抱えた三九才の主婦をはじめ、一七才の娘までまじっていたが、大部分は二、三〇才の炭坑夫の女房族であった。なかには一家が食えないので、目先きの金さえつかめばという追いつめられた苦境から、夫も承知の上、わずか三千円で身を売った人妻もあった。前借金の最高は二万円だったが、被害女性たちはいずれも「早く子供や家族のもとに帰りたい……」と泣き伏したという。不況・冷害・不漁――といった社会不安、生活不安につけこむ人身売買事件の例はまだまだこのほかにもある。

三一年中にわかっただけでも、約千五百人が売られた北海道は、その典型的な例であった。麦飯が食べられるのは上の部といわれたほど、その年の北海道の凶作地帯の生活はひどかった。来る日も来る日も、子供たちは雪に閉じこめられて、ジャガ芋の塩煮を食べ、野菜とデンプンのダンゴを食べて、栄養失調になっていた。

凶作対策の機関はできても、末端の個々の農家に手の届くのはいつのことか。とても待ってはいられない。かといって、この凶作にあえぐ農家に金を貸そうなどというものはありはしない。「一人でも口数が少なければ、何とか食いつなげるのだが……」といった当時の実態、北海道の人たちの思案もつきたスキに入りこんだのが、身売り仲介屋、女体ブローカーであったのである。何気なく、また親切ごかしの口車に、乗せられ、道内の繁華街や本州各地の赤線に売られていった婦女子は、あとをたたなかった。

北海道警察本部は「冷い夏」――凶作の予報が出はじめた九月ごろから、とくに被害がひどいとみられた旭川北部・北見・釧路東部・日高地帯にはびこり出した人身売買の一味をマーク、確証を得次第、手入れをくりかえした。同年中に延べ千余人を捕まえたが、売られた婦女子は再び泥沼からはいあがることはできなかったのである。とくに、一二月になって長期欠席の子供が急にふえた。日高浦河町を戸々に調べてみたら、百人のうち、親がわが子の行くえを知らないものが二人もあった。児童委員の手を借りてさらに調べてみると、すでに一人は一万円で函館の赤線に売られ、もう一人はついにどこへ行ったかわからなかったこともあった。

また、旭川署で撙津郡撙津町の仲介屋・ブローカーを捕えたところ、彼等の手で売られた一二才の少女は、一七才になる他人の戸籍抄本を持たされて、二万円で接客婦にされていた。さらに三人姉妹のA子さんは三度の食事にも困るところから「口べらし」に妹（西）を女中に出したが、A子さんもついで札幌のブローカーを通じて二万円で赤線に身売りした。A子さんは親もとに送金するため、その後店をかえたが、前借金はいつの間にか一〇万円にふくれあがってしまっていた。

ここで少し、統計をふくめて関係当局の人身売買実態調査レポートを参考にしてみよう。

話は相前後するが、戦後初めての人身売買に関する実態調査レポートがまとまったのは二七年の六月、労働省婦人少年局が厚生省や警察庁と協力して集大成した「人身売買の現状と動向」という調査報告書がそれである。同報告書は二六年七月から二七年六月までの実態をまとめたものであったが、こう書かれてある。

◇人身売買事件の範囲◇

1、被害者の数……千八百八三人。

2、性別と年令別……男六・七パーセント女九三・三パーセントで、年令別では一六才の二四・二パーセント、一七才の四〇・一パーセントが年令曲線の高い山をえがいている。

3、出身地と受入れ県……人身売買というとまず東北地方を連想したものだが、全国各県に拡大してきた。身売り児童の多い出身県（売手市場）は群馬県が百六三人でトップ、ついで福岡県百四七人、秋田県百二五人、鹿児島県百八人、熊本県七二人、福島県六〇人の順。また受入れ県（買手市場）としては福岡県百八〇人、愛知県百一八人、東京百一二人、神奈川県百人の順で、このごろは都会の赤線区域を中心として周辺地区から流れこんでくる傾向が目立っている。

4、発見された経路……警察関係から発見されたのは千百六六人で九〇・一パーセントに当る。（内訳としては警察の聞き込みによるもの七百六三人、警察への届け出、投書などにより端緒を得たもの百八四人、一斉取締りなど取締りを通じて分ったもの百一九人、別の事件を取調べ中発見したもの四八人、接待婦の身元調査から四十五人、職務質問から七人、別に被害者本人が直接届出たもの四七人）労働基準監督署関係からの発見は四五人（監督官の臨検三一人、監督署への申告、届出、投書によるもの一〇人、聞込み調査三人、別に被害本人の届出五人）児童相談所関係の発見二五人（聞込み調査から一八人、福祉事務所への届出四人、聞込み三人）人権擁護局関係の発見は一五人（全部が届出とか相談による調査結果だが、別に被害者本人の届出一人）報道関係の発見一〇人。（新聞記事掲載による調査結果）役場関係の発見九人。（役場の把握、警察への通報による）職業安定所関係の発見八人。（聞込みによるもの七人。投書から一人）その他一六人。（学校における長欠児童調査によるもの九人。鉄道公安官などによるもの五人。少年院教官による発見、婦人少年室への申告が各一人）

基本的人権はみずから守らねばならぬという意味においては、被害者の立場におかれた本人から直接救済を求めた届出五三人（警察関係四七、労基署関係五、人権擁護局関係一）は、件数は少ないけれども、とくに注目に値するものであり、中にはまた在学中途で売春婦に売られた少女の同級生一同が警察に訴えたため救い出されたという例があった。たくみに法網をくぐる人身売買事件の発見が困難なことはいうまでもないが、しかし、一二万の児童委員、五〇万の学校の先生による発見が少ないのは子供を守る立場からみて残念である。

とりわけ先生は教え子が〝売られて〟ゆくことに対して、傍観者であってはならないし、児童委員と学校の先生の活動による早期発見と予防措置は、人身売買の売手市揚を封鎖できないにしても、著しく縮少することに役立つであろう。

◇親元の状況◇

1、親元の職業……農業が二八・六パーセント、日雇いが一八・一パーセント、無職が一四パーセントの順で、漁師・工員・炭坑夫が五パーセント台に並んでいる。資本主義の不況が農、漁村などの原始的産業を破壊し、炭鉱に打盤を与え、失業者を生み出していることが、人身売買の最大の〝経済的要因〟になっている。

2、親元の生活状況……五人家族の一〇・四パーセントを中心として多子家庭が多い。反対に収入はとぼしく、一人当りの生活費が平均千二百円前後という状態で、生活保護法スレスレ、あるいはそれ以下の生活をしている。

3、身売りの動機……経済的に圧迫された貧困な家庭がその犠牲を子供の〝口べらし〟や出稼ぎに転嫁することが原因である。とくに悪質な親は子供を〝収入の源〟と考え、赤線区域や芸妓置屋に売りとばし、さらに転売しながら恥としていない。親孝行のつもりで身売りするあわれな子供も、また跡を絶たない。仲介人の甘言に親子してまどわされるもの、貧しい家庭への不満から家出して、人身売買ブローカーの手にかかるものなど〝無知と欲望〟の悲劇が、報道機関のたびたびの警告にもかかわらず、拡大再生産されているのである。

◇仲介業者について◇

1、仲介業者の数……検挙された仲介業者は千百四十九人で男五五・九パーセントに対し、女が四〇パーセントと女がおどろくような高率を占めている。年令的にみて四十代がもっとも多いのはうなずけるが、二〇代の若いものがまじっているのはヨタモノとか不良青年が遊興費とか生活の費用に困って、ガール・フレンドを赤線に売りとばすという、悪質で手軽な人身売買のケースの増加を物語っている。また、二〇才未満の売春婦が雇い主にたのまれて仲介した例もあった。最近の業者は、ブローカーを使うことの危険をさけて、縁故募集に力を入れているようである。

2、仲介者と被害者の関係……八百七四人の被害者の調べによると、他人による誘拐、勧誘三百二六人、被害者と仲介業が知人百一〇人、被害者の親が仲介者と知人百六人、仲介者が同町村内に居住九四人、親子関係七〇人、被害者が家出、放浪中知り合う六二人、被害者の知人の紹介三六人、親せき関係三二人、夫、情夫、内縁、恋人関係一五人、仲介者の娘、妹、妻と知人一二人、兄弟、姉妹関係九人、祖父、孫関係、仲介者の広告募集各一人といった内訳だが、さらにこれを大別すると、仲介者による者が七百四七人（八五・五パーセント）親を中心とした家族関係によるものが百二七人（一四・五パーセント）に、仲介者の〝餌食〟にされる場合が多く、人身売買市場におけるブローカーの横行を反映している。家族関係の者は、〝親出し〟といい、仲介者の手をへないで直接雇い主と取引きしているのである。

3、仲介手数料……最高四万円から最低五百円まで、千円と二千円の間が一番多い。手数料をかせぐ目的で女性をつぎつぎに転売してゆく悪質なブローカーがふえてきている。

◇契約について◇

1、契約期間……労働基準法にひっかかることをおそれているのか、昔の〝年期奉公〟のように長期の契約期間をきめたり、契約書をとりかわしている者はほとんどいない。期間を定めていても大部分が一年以下である。最高六年の年期をきめたケースが三件あったが、いずれも前借金つきの作男・特飲店・芸妓置屋であった。この人身の自由を拘束する前近代的な年期制度、前借金制度がまだ消滅していないのである。

2、前借金について…最高一一万円から最低四百円までのハバで、一万円から一万五千円の前借金が多い。しかし、一万円以上の前借金がここ数年急カーブをえがいて増大している傾向がみられ、これは物価の値上りもさることながら、前借金制度の強い復活を意味しているのではないか。また、もうひとつは〝カセギヌケ〟といって、別に年期はきめないけれども、前借金を完全に返済するまで働くといった制度がある。一見すると自由で拘束がないように思われるが、いくら働いても借金がふえるカラクリの中では、何年たっても借金が払えるわけがない。だから、一定の年期がくればたとえ借金が残っていても打切って解放された者の〝年期制度〟に比べて、決して拘束力が弱まっているわけではないのである。

いくら働いても借金がふえる売春機構のカラクリは、例えば四万円の前借金で売られた十七才の少女売春婦が三カ月間に三回も〝転売〟され、警察に発見されたときはその四万円の前借金がなんと四倍の一六万円の借金にふえていた、という信じがたい事実の中にあらわれている。

3、賃金その他の契約内容……接客関係では一カ月の給料がいくらと、定額をきめたものはほとんどなく、大部分が稼ぎ高の折半とか四分六、あるいは七三といった搾取的な歩合制をとっている。農家の作男、子守りなどは年いくらときめてその金額または半額を前渡ししておいて、食事、最小限の衣類、毎月の小遣い、祭の小遣いを支給する、といった例が多い。一般の女中、子守りは、前借金のほか、仕着せ・食事・小遣いを支給し、年期をつとめあげれば嫁入り道具一式というようなケースもみられる。

◇雇用元の状況◇

1、被害者の業務……千八百八十三人（うち男二七人）の雇用先調べでは——

接客婦千百五七人（料理店・貸席・旅館・特飲店・特殊下宿・待合・芸妓置屋などにおいて売春を内容とするもの、及び女中名義の売春婦を含む）六一・四パーセント、駐留軍相手の売春婦三〇人一・六パーセント、芸妓一九人一パーセント、芸妓見習三七人二パーセント、料理店作業婦六二人三・三パーセント、キャバレー、バーなどの従業従婦二七人一・四パーセント、食堂等の女給二六人一・四パーセント、ダンサー三人〇・二パーセント、特殊貸間業等の業婦四七人（貸席・特飲店給仕婦・炊事婦などを含む）八〇・四パーセント、農業手伝八百五一人（うち男七六人）八パーセント、子守り五五人（男五人）二・九パーセント、工員七一人（男一七人）三・八パーセント、人夫八人（男三人）〇・四パーセント、パチンコ店店員七人（男一人）〇・四パーセント、行商人四人（男のみ）〇・二パーセント、サーカス従業員五人（男二人）〇・三パーセント、艶歌師一人、新聞配達二人（男のみ）〇・一パーセント、商店員十六人（男一一人）〇・八パーセント、雑役一人（男のみ）鉱夫四人（同）〇・二パーセント、マッサージ見習一人、不詳二六人（男一人）一・四パーセント。

地方によっては売春業者の業態と売春婦の名称が東京ではカフェー、広島では特殊下宿、山口では待合、佐賀では貸席、というぐあいにまちまちであるため前記の分類がいくらか混乱しているようだが、しかし、被害者の八〇・四パーセントが赤線区域の接客婦を中心として、芸妓・芸妓見習・女給ダンサーなど〝半売春婦〟に売られていることは、赤線区域その他の売春組織が、人身売買の最大の温床になっている事実を、数学的に証明するものである。

したがって、人身売買の買手市場である赤線区域その他の売春組織を解体することなくして、日本の、〝性のドレイ〟の解放はありえないのである。

2、就業の状況……業者の搾取と酷使に対する反抗として脱出、逃亡する者が少くない。業者は〝投下資本〟の損失を意味する逃亡を防ぐために、湯銭・煙草代のほかはつねに現金を持たせず、日用品は現物を支給し、着物をつくらせて借金をふやし、その借金には一割の利子をつける――といったようなやり方で、売春婦に借金の首かせをはめて、身動きの出来ないような状態においていることが多い。その他は、パチンコ屋の女店員に夜おそくまで夜業をさせたり、作男に使われている子供が無断で床屋にいったという理由でなぐられたり、強制労働の匂いも感じられるのである。

3、被害者の教育程度……新制中学校卒業生五百四人（四八・九パーセント）と小学校中退、小学校のみ、中学中退など、義務教育未終了者をあわせた四百九十四人（四八パーセント）がほぼ同率を占めている。さすがに高校生は少ないが、ブローカーのたくみな勧誘をこばみきれない〝無知と貧困〟が人身売買の支柱になっている。二七年一一月、文部省が行なった調査によると、全国で約二六万人の長欠児童が発見された。その三分の二が家庭外の労働に従事しているといわれるが、この不幸な長欠児童こそ、人身売買の大きな〝供給源地帯〟といわなくてはならない。

◇処置ならびに対策◇

1、被害者の保護処置……大部分が警察官の手で〝事務的〟に処理されている模様で、児童相談所その他の関係機関との連絡協議が不十分のようである。つぎの数字は、被害者総数千七百三〇人のうち、目下取調べ中または状況不明の九百二六人を除いた八百七人についての調査結果である。

Ⓐ家庭復帰　五百三三人（六六・三パーセント）発見された被害者の大半が本人の家庭に送りかえされているが、家庭の受入れ体制ができていないため、貧困家庭や放任家庭では子供が再び売られたり、家出をしたりする場合があって、事故の再発を防ぎえない状態である。

Ⓑ現状維持　八四人（一〇・五パーセント）これは商店員・作男・子守り・女中・女工などの職種に多く雇い主の法律的知識の欠除からうまれてきた前借金による賃金の相殺や、不当な雇用条件をあらためさせて、合法的な雇用契約のもとに現状にとどまった者である。しかし、特飲街や芸妓置屋で発見されたとき、すでに満一八才をすぎていたため、やむなく現状維持（売春継続）の処置をとった事例のあることは、法律的にはともかく、人道上容認しがたい問題であろう。

Ⓒ配置転換　四九人（六・一パーセント）主に特飲店などで働かされていた少女を助け出して魚屋、菓子屋、衣料店などの一般商店や、普通の飲食店・工場などにつとめかえさせたのである。

Ⓓ児童相談所委託　三七人（四・六パーセント）児童相談所が本人の希望と家庭の状況を考えて、児童福祉

の立場から家庭復帰、施設への収容、就職あっせんなど、適切と思われる保護措置をとったもの。

Ⓔ家裁送致　三三人（四・一パーセント）被害者が窃盗・詐欺その他の犯罪を犯しているもの、または犯罪を犯すおそれがあるためにとられた処置。

Ⓕその他　結婚・施設収容・里親委託・性病院入院・警察の一時保護・服従・行方不明などが含まれる。

Ⓖ借金の処理　発見された被害者に背負わされた借金の処理がきわめてアイマイで、月賦その他示談的な措置のとられている揚合が多いようである。売春及び強制労働にともなう借金は、民法九十条（公序良俗に反する契約はすべて無効）の違反として、現場諸機関に借金の棒引きを励行させる必要があるだろう。

2、仲介業者の処置……摘発された仲介者千百四九人のうち、送検された五百八六人についてみると、検察庁で正式に起訴されたものが百五九人、起訴猶予五一人、未処理または処理不明三百七四人、中止処分（所在不明のため）二人。起訴された百五九人に対する裁判所の判決は体刑七六人、罰金五一人、公判中二九人、無罪三人。

Ⓐ体刑　最高懲役二年一人。最低懲役三カ月七人。多いのは懲役四カ月の一七人、六カ月の一六人、一年一五人の順。

Ⓑ罰金刑　最高三万五千円一人、最低千円三人であり、もっとも多いのが五千円一〇人の順。

Ⓒ執行猶予　これら有罪者百二七人のうち、五六人が一年乃至四年の執行猶予をうけてい

るが、その大部分が体刑を緩和したものであり、さらに検事控訴をうけたものが一人、被告人からの控訴は七人。

Ⓓ適用法例　国警資料（二八年一月——六月）によれば、警察が送検した被疑者二千五百八三人に対して職安法の適用が九百八八人、児童福祉法適用が九百八〇人で、この二つの法律を中心として人身売買のブローカーの取締りが行なわれた。

3、雇い主の処置……悪質な雇い主に対する処置は起訴されたもの百六八人、起訴猶予四八人、未処理または処理不明の者四百一六人で、起訴されたもののうち、七五人が体刑、七一人が罰金刑の判決をうけており、公判中二一人、不明一人がふくまれている。

Ⓐ体刑　最高懲役四年一人、最低三カ月九人で、もっとも多いのが六カ月の一五人。

Ⓑ罰金刑　最高四万円一人から最低二千円九人まで。五千円一四人がもっとも多い。悪質な特飲業者で、罰金刑のほかに一カ月の営業停止をうけたものもある。

Ⓒ執行猶予　仲介人の場合と同じく、懲役四カ月以上のものに対して、二—三年の執行猶予のついているものが多い。

Ⓓ適用法例　雇い主の場合は、児童福祉法のみの単純適用が二百七三人で全体の五〇《パーセント》弱を占め、ついで児童福祉法と勅令九号の併用となっている。適用法例に関しては、その他労働基準法、職業安定法、刑法が適用されているが、長欠児童の雇い主に対して、学校教育法第十六条（子女を使用する者はその使用によって子女が義務教育をうけることを妨げてはならない）が併用されたものはわずか

一五件にすぎない。

また、これより四年後の三一年中に全国の警察が検挙した人身売買に関する犯罪数は一万三千四百余にものぼり、三〇年に比べると三〇・六パーセントの増を示した。とくにすでにのべたように、冷害地の北海道ではブローカーが活躍し、千二百五〇人が検挙され、これらのブローカーによって売りとばされた少年、少女の数は実に千四百五四人の多きに達していた。

人身売買の周旋は、ブローカーばかりではない。資金稼ぎに暴力団も介入する。二九年の秋、吉原の一女給K子さん（当時二四）が東京法務局人権擁護部でこう訴えたことがあった。

私は暴力団にだまされて、吉原から長野県上山田温泉に女中に売られました。堅気な女中にしてやると、新しく紹介された長野でも、勝手に暴力団が抱え主から一〇万円の前借をして、私にくれたのは僅かに六千円でした。そのうち仲介料だとおどかされて三千円をむしられました。同じような目にあった人がいて困っていますが、相手が悪くてどうにもなりません。

人権擁護部では、この訴えを重視、早速係官を長野に派遣して調査にのり出したのだが、その結果巧妙にしくまれた暴力団の人身売買事件が明るみに出された。その内容は、まず一味の若い者が吉原の馴染女給のところにゆき、「うまい勧め口を世話しよう。温泉宿の堅気の女中で借金もすべて先方が払ってくれる」と話をもちかける。

ついで一味の兄貴分の内妻が、その女給の抱え主と交渉し、前借金は後払いの形で正式に女給を〝身受け〟し、長野の温泉宿に紹介する。

ところが、はじめの約束とは違って、〝客をとる女中〟という条件（このとき女が文句をいえば一味が強迫・暴行を加える）で先方との交渉もすべて一味のものが行なっていた。例えば、前借金の問題も、かりに本人に五万円の前借金が吉原にあるというK子さんの場合は、勝手に十万円と吹っかけて、その金を新しい抱え主からとりあげ、女には五千円程度しか渡さず、しかも、その中からさらに仲介料をまきあげていた。

女たちは借金が前よりもふえて、そのまま女中をしなければならない状態になっている。かりに新しい抱え主がその事実を知っても、抱え主の方にも弱みがあるため、届け出が出来ない——といったものであった。同部の調査では、わかっただけでも一味が行なった人身売買は一二人、まきあげた金は約五〇万円にのぼっていた。このケースは単に人身売買を行なうというだけでなく、前借金の額をだまして、そのうわ前をピンハネしていたという、あくどいものであったが、暴力団が赤線女給を食いものにしていた代表的なケースであった。ちなみに、赤線のネオンが消えてから、もぐり売春企業を計画したり、女体供給ルートで人身売買を行なっているのは、ほとんどが暴力団組織に属する連中である。暴力団にとって、女体はまさに〝金を生み出すニワトリ〟同様なのである。

そうかと思うと、自分の女房を約一〇年間に前後八回にわたって赤線に売りとばし、生活費はおろか家屋まで新築した、おどろくべき亭主もある。

三〇年の秋、目黒署に捕まった松五郎（当時五八）という男で、売られた女房はT子さん（同三六）。松五郎は昭和一五年、旅館の女中をしていたT子さんと旅先きで知り合い、正式に結婚したが、その後、バクチで多額の借金が出来ると「なんとか助けてくれ」とT子さんを口説き、茨城県下の赤線に売りとばした。

これに味をしめた松五郎は、その後も借金が大きくなると、T子さんを売りとばしては前借金をせしめ、二六年にはかせがせた金で十余坪の家を新築し、このときも水道をひく金がない、といって新宿二丁目の赤線にT子さんを売りとばした。また、松五郎はT子さんのほか、二六人の婦女子を新宿・品川・横浜方面の赤線に売りとばしたことを自供した。

女房を売り、またわが娘を売る――こうしてみても赤線地帯はまさに人身売買の一大温床でもあったのである。

子供を売るといえば、三〇年の春、明るみに出された〝少女芸妓・売春事件〟は世の親たちに異常なショックを与えた。この事件というのは「娘は実父や継母にだまされ、芸妓置屋に前借で住込まされたが、客をとらされてはじめて仕事の内容がわかり、生みの母である私の妻のところに逃げてきた。継母が周旋人とともに引取りに来たが、本人は姿をかくして難を脱れた。何らかの方法で解決したいと考えるものの、私は闘病生活中の身であり、また生活保護に頼っている関係上、借金を返済してやる金力はない。本人は親のもとへも置屋へも死んでも帰らないといっている……」と悲しい実情を切々と訴えた投書が、評論家神崎清氏宅に舞込んだのがきっかけ。投書の主は大田区久ヶ原に住む無職Yさんで、神崎氏は早速、実情調査にのり出し、つぎのような多くの驚くべき事実を確認した。

少女というのは一七才のM子さんで、投書の主のYさんやMさんの話によると、母親（三六）は少女の妹（一六）を生んで間もなく夫と別れ、その後Yさんと再婚した。父親（四三）は小さい下請けのネジ工場をやっていたが、二九年春、仕事がなくなって生活に行き詰ってしまった。少女や妹が食堂などの店員をやっていたがどうにもならない。ところが近所のおかみさん（五二）から「あたしの娘（一七）が芝のHという置屋から芸者に出ている。よかったら紹介してもいい」ともちかけられたので〝渡りに舟〟とばかりに、あっせんをたのみ、同年一一月、M子さんを前借金五万円でHに住込ませた。しかし、芸者とは名ばかり、Hの女将（六二）はM子さんが住込んでから十日たった一二月一日夜、築地の料亭におくりこんで〝最初の客〟をとらせたのである。

M子さんは一晩泣き明かしたが、その〝代金〟二万五千円はあっせん者に謝礼金として五千円、一万円は女将の手にピンハネされ、〝所得〟は一万円にすぎなかった。このようなことが繰返されていくうち、夜一一時前の泊りが二千円、一二時すぎが千七百円と、M子さんの〝相場〟がきめられ、いずれもこれが置屋との間で折半されるようになった。

だが、これはあくまで計算上のことだけで、実際にはM子さんに手渡されず、小遣いとして月四、五千円程度が支給されただけであった。このHという置屋では、四畳半の一室に芸者が三人と女中が一人。一日二食で、午前一一時ごろにミソ汁と米飯、午後五時ごろに一人当り三〇円見当のオカズがついた夕飯、たまにはたてる風呂はあっても、入るといい顔をされないので、銭湯に通わねばならない。そのうえ、一日休むと千円の罰金をとられ、借金はかさむ一方、という泥沼の生活であった。

連日のようなこうした生活で、M子さんはついに病気になってしまった。親を救う一心で、何も知らずにこの世界にとびこんできた少女は、あまりの恐ろしさに、Hをとび出した。そして生みの母を頼ってYさん方に逃げこんだ、というもの。M子さんの逃亡を知って憤慨した継母とHの女将は、M子さんを連れ戻そうとYさん方におしかけ「恩を受けたのにどうして逃げたのか。借金があるのだからまた戻って働いてくれなければ困る」と、病気で寝込んでいたYさんの枕元でつめよった。Yさんはこれをガンとして断ったものの、M子さんの妹が「姉さんを探さなければ代りに芸者になってやる」といい出したりして思い余り、神崎氏に訴えたという次第であった。神崎氏の調査に対してHの女将は「商売の内容についてはM子に話してあるはずだから、承知のうえと思っていた。客をとるのはどこでもやっていることだし、本人のいやがるのをだましたわけではない。やめるのなら借金を返してもらう外に手はない」とうそぶき、借金の総額九万二千九百円を請求するほどであった。結局、この事件はその後、警察当局がHの女将らを児童福祉法、売春強要などの疑いで検挙したので、M子さんは再び芸者に戻らなくてもすんだのであったが、同年十月、最高裁が下した画期的判決「未成年者の人身売買のような公序良俗に反する契約の〝前借金〟は無効である」の遠因をなした事件であった。

この判決というのは、愛媛県下のある特飲店女給（一六）が四万円の前借金を踏み倒して逃亡したため、業者が「金を返せ」と訴えた事件が、もつれて最高裁までもちこまれた一件に対する判決であったが、それまでの判例では、人身売買契約そのものの無効は認められていたものの、前借金の無効がはっきりと確定されておらず、法の盲点となっていただけに、注目されたのであった。

神崎氏の表現をかりると「最高裁が前借金無効の判決を下したとき、日本の官僚思想の最後の支柱がとりさられた。警察権力と赤線業者の分離が行われ、今までの治安協力者が勅令九号違反容疑者として目の前にうかんだ。警察官がながい間の感覚マヒから解放されたのである――」というものであった。

かけこみ訴え

三十年の六月一六日、吉原ではひとつの〝大事件〟がもちあがった。ある店の女給のT子（二三）が、業者の搾取にたえかねて、命がけで吉原を脱出し、参議院議員藤原道子さんのもとに保護を求めた――という事件である。戦後の吉原では、はじめての〝かけこみ訴え〟であった。

洗いざらした紺のユカタにエンジの帯をしめ、素足にフェルト・ゾウリばきといった姿で、青白い顔をしたT子は「同じような不幸な女の人を救うために、本当のことをしゃべって頂載ね」と何度も力づける藤原さんの言葉にうなづきながら、つぎのように〝脱出の弁〟を語ったのであった。


わたしがこの世界に身を沈めた動機も、やはり貧乏からでした。母は早く病死し、父が病気で倒れ、六人の姉妹の三人が働いても、その日の生活を送るのが精いっぱいでした。どうにも払えなくなった家賃が二万円たまったとき、わたしはブローカーの紹介で長野県伊那市の芸者になりました。二九年一一月のことでした。

前借金は三万円。ところが、ことしの四月までに借金が二一万円にもなってしまいました。どんなカラクリがあったのかは知りませんが、働きづめに働いて、三万円の前借金が七倍にふえていたということを聞かされたとき、わたしはアキレるよりさきに精も根もつき果てた感じでした。

そして、なんとかしなくては、と地獄でもがくようなアセリとイラだたしさだけが残りました。そうだ。東京へ出よう……。いまより、いまの生活より少しはましかも知れない。

こう考えたわたしは、友達の紹介もあって着物をカタに、借金をやっと七万円へらしてもらい、上京、吉原のサロンQに住込みました。この四月十五日のことです。

Qでは、店に入った翌日に四万円、一週間たってからまた四万円、あわせて八万円の前借金を借り長野に送金してから、わたしは昼も夜もそれこそ体の続く限り働きました。

お店は三階建てのビル……といえば聞こえはいいでしょうが、内部は不潔で陰気なサロンです。一階は帳場とサロン、二階は一一の部屋があって、わたしのほかに六人の女給さんがいます。

朝一〇時ごろ、泊りの客を送り出すと部屋の掃除をすませ、下へおりて朝食を食べる。ドンブリのもりつけ御飯にお新香とミソ汁。これがすむともう午後零時半ごろです。

それから一時か二時ごろまで、みんなと寝ころがって、オシャベリをしたり、ラジオを聞いたり……。でも疲れているのか、話の中途で眠ってしまうことが多いのですけれども、この時間がわたしたちにとっては、本当に楽しいひとときでした。

少なくとも、わたしの肉体はだれにも〝支配〟されることがなかったからです。おそらく、みんなもそうじゃなかったかしら……。

お母さん（業者のこと）はもうかるだけもうけ、しぼるだけしぼるといった〝信念〟にこりかたまった五〇女です。泊り客がついてもまわしをとらされましたが、ひどいときは階段わきの一畳ぐらいの部屋まで使って客をとりました。文字通り〝体の続く限り〟です。

お風呂だって、客が一緒に入ろう、といわない限り入れないのに、店では二百円の湯銭をとりました。それればかりではありません。帳場には、チリ紙・煙草・ゴム製品がおいてあって、チリ紙は二〇枚で五〇円、ピースは五〇円、ゴム製品が一個二〇円、客がラーメンなどをたのむと百五〇円もとるのです。

夕食は夜の一〇時ごろ、ウドンカケが一杯です。体がもたないと、魚を買ってきて焼こうとすると、お母さんがだまって近づき、ガスのセンを切ってしまう。洗濯をしようとすると〝水道代がかさむから洗濯屋におだしよ〟としかる。

玉代の配分、玉割りは四分六ですが、わける前に煙草・チリ紙など、帳場で借りた品物の代金を払ったり、前借金への繰入金として天引きされるので、手取り額はほんのわずか。それに不思議なことに、わたしの計算では店に出た四月十六日から六月九日までにかせいだ金は一一万円にもなっているのに、前借金はたった一万円しか減っていない。

どんな計算なのだろう。わたしは疲れきってワタのようになった体をながめながら、つくづくこの世界がいやになりました。病気のN子さんは〝病気ぐらいになにサ〟とお母さんにいわれて客をとっているのをみて、わたしは決心したのです。逃げ出そう、と……。

そして、何気なく散歩を装ってタクシーを拾ったんですが、本当にもう大丈夫でしょうか……。

このT子は、その後、ひとまず知人宅に身をかくしたが、一方Qの方では「借金を踏み倒された。彼女は何日も店にいないで逃げたのだから計画的な〝カゴ抜けサギ〟ではないのか」と心死になって彼女の行くえを捜した。そしてT子の〝かくれ家〟を捜し当てると、毎日のように訪れては、再び店に帰って働くよう口説いたのだった。

なだめたり、すかしたり、果てはおどしたり、その口説き方もなかなかしつっこかった。だが、T子は屈せず、もう二度と働く気持ちはない、と決して首をタテにはふらなかった。

この間、藤原さんもT子をはげましたり、業者にかけあったりして努力を続けたが、問題解決の〝焦点〟はT子が借りた借金をどうするか、ということにあった。

もちろん、ハッキリと前借金もあると立証されれば、勅令九号の適用をうけ、業者は摘発されるのだが、証文のような〝物的証拠〟もなく、ただ、〝貸した〟〝借りた〟という両者の話だけであったから、その立証は難かしかったわけである。

ところが、この事件から約二カ月たった三〇年七月一二日、吉原ではないが、九州は熊本県水俣市の赤線で、やはりT子と同じようなケースの〝女給脱出、かけこみ事件が〟もちあがった。

そして、業者の搾取と束縛にたえかねて、〝脱出〟した四人の女給が地区の婦人団体や労組の激励をうけて同市の簡易裁判所に「契約無効確認」の調停の申し立てを行った結果「業者は従業婦の自由意思を尊重し、将来においても自由を束縛しない」むねの調停が成立したのである。

この調停によって前借金は事実上無効となり〝晴れて〟自由の身となった四人の女給は、新しい職場について更生を誓いあった。〝前借金無効〟という調停は当時〝画期的〟なものであり、各地の赤線に大きな波紋を捲起していったのである。

自分の肉体をしばっている前借金が無効だと知った女給たちは、つぎつぎと各地の婦人少年室などにかけこみ訴えを行って、更生についての相談をもちこんできたのであった。

こうしたかけこみ訴えによって、その後、前借金をたてに売春を強要していた悪質な赤線業者は、続々摘発されていったのだったが、ここでひとつの代表的な実例をあげよう。吉原の女給であったI子（二四）の揚合である。

下町の食堂の店員をしていたI子は一九才のとき、同僚の男子店員と恋仲となったが、妊娠したことを告げると捨てられた。浅草公園で思案にくれていたところ、Kと名のる男にさそわれ、山谷につれこまれたが、自暴自棄になっていたので、そのままズルズルと同棲し、やがて女の子を生んだ。

Kは彼女が子供を生むことを承知したのだが、生んだあとの、〝養育費〟三万円を吉原のある業者から借りる話をつけていたので、彼女は子供をKにあずけて吉原に住みこんだ。二二才のときであった。その後、彼女は小岩・亀有・品川・洲崎といった各赤線を転々とした末、再び吉原のもとの店に逆もどりした。吉原が一番稼ぎになることがわかったからであった。そしてまた三万円の〝養育費〟を借りたのであった。

この間、Kはたびたび金の無心に彼女を訪れるので、その都度五百円、千円と渡していたが、その金も彼女が現金の持ちあわせがないときが多かったので、業者から借りることが多かった。だから彼女は〝養育費という名の前借金〟をかえすどころか、Kにたかられる金、つまり業者からその都度借りた金の返済のために働き続けなければならなかったのである。

働けど、働けど、それこそ〝肉体の切売り〟をして稼ぐ金は借金の返済にくり入れられる、とあって、彼女の手に渡る金は少なかった。

いいかげん、そんな生活にいや気がさしてきたところ、ある馴染客（その後彼女の夫となった）から「前借金で困っているそうだが、聞くところによると前借金は一切無効という裁判所の判決があったそうだ。足を洗って、この際結婚する気持はないか」と口説かれて心を動かし、また彼女自身も子供のためにも更生しなければ……と考えたのでかけこみ訴えを行い、赤線生活にピリオドを打った。

彼女はひとまず〝婚約者〟となった馴染客の家に身をかくしてKとの交渉を絶ち、子供は福祉事務所、婦人少年室の努力で託児所にあずかってもらった。そして、子供が無事に託児所にあずけられたことを見届けた彼女は、正式に結婚したのだったが、まだ五万円にのぼる前借金の問題は解決していなかった。もちろん、業者の方では「前借金ではない。子供の養育費として貸したのだから、返してもらうのが当然」といいはっていたが、幸い（?）なことに「働きながら返済する。玉割りから天引きが条件」という内容の証文が発見されたため、養育費とは名目で本質的には前借金とかわりないと判断されてケリとなった。業者は泣く泣く棒引きしたのであった。

またK――子供を利用して彼女にたかっていたヒモ的な存在のKも、彼女の決心が堅いことを知らされると業者が前借金をあきらめたのと同じようにしぶしぶながらも彼女と別れることを誓ったので、彼女はやっと自由の身となった。

やがて彼女は馴染客、いまはもう夫となった男性の愛情に包まれて入籍もすませ、一年後には子供もひきとって親子三人、水入らずの生活にはいることが出来たのであった。

「こんな幸せな生活が出来るなんて……。赤線の泥沼時代には想像も出来ませんでした」と彼女は、涙を流して、彼女の更生のために努力、応援してくれた係員に感謝したのである。吉原のネオンが消えるより二年も前の、三十一年春のことであった。

赤線の灯消ゆ

メスを入れられた〝日本の恥部〟

赤線廃止の動きが終戦直後から、しばしば〝運動〟として、あるいは〝法案〟として、登場したことは「赤線廃止の動き」に述べた通りである。そうして、当時は、政府も、警視庁を筆頭とする全国の取締り当局も、社会状勢からむしろ集娼制度を支援してきたことも、その通りである。

しかし、昭和二七年四月二八日――日本の独立とともに、日本の売春政策も大きく変っていった。「独立はしたというのに赤線をはじめとして、駐留軍の基地周辺にはびこる売春の現状は〝日本の恥部〟であり、この際思いきったメスを入れる必要がある」とした当時の警視庁保安課長上村貞一氏の考え方が、まず赤線を主体とする風俗業者に対して厳しい取締り基準を設け、違反者には厳罰という方針を決定した。上村氏は部下に対しては温情あふれ、家庭は清貧に甘んずるという模範的警察官で、仕事に対しては秋霜烈日であった。麻薬取締りに成果を挙げはじめたのも同氏が保安課長当時であり、日本中に欝屈していた占領下の社会のウミに対するもやもやが、上村貞一という正義漢を通して、一掃に乗出す状勢にあったといえるであろう。

陳情に行った業者たちは、いままでと違った応待ぶりに、尻尾をまいて逃げ帰ったのであるが、国会でも、こうした動きを敏感に反映して、売防法成立への機運がたかまってきた。二十八年の第十五国会にも、四度目の法案が宮城タマヨ・伊藤修両氏が中心となって参議院に提出したのが、ただの一回だけの委員会審議で国会解散となった。

しかし、このころから、婦人議員たちがこの法案をめぐって超党派的に手を結ぶようになり、二八年第一六国会ではときの犬養法相に「次期国会に提出させる」と確約させるまでにこぎつけた。さらに内閣にはじめて「売春問題対策協議会（山崎佐会長）」が誕生して、法の成立は間近いと思われた。ところが、肝心の法相が辞職して、またまたオジャン。

二九年の国会では法務委員会で公聴会を開いたが、例の乱闘国会で幕切れとなり、同じ年の第二〇国会で継続審議されたが、審議がはかどらぬまま解散。同年の第二一国会でも同じで舞台は六転、ようやく三〇年の第二二国会で採択に持ち込まれるに至ったが、七月一九日の深夜の法務委員会で記名投票の結果、百九一対百四二で否決され「売春対策審議会をつくり、通常国会に法案を提出させる」という内容の決議案にスリかえられてしまった。

しかし、これは非常に奇妙なことで、すでに二九年二月以来、内閣には売春対策協議会があり、ここで練られた法案がもう少しで答申されるところまできていた。それを無視して新しく同じような会を設け法の原案をつくらせようとするのは二重の手間であるが、実はそれが狙いだったのである。

〝まず時を稼げ〟——これが当時の一部の法務委員と、売春業者たちの合い言葉になっていた。政治家としては決議案のボヤけた内容で世論の非難を解消出来るし、業者としてはその間にどんどん工作が出来るというわけである。

売防法の結実

三一年一月、内閣に売春対策審議会が設置された。菅原通済氏が会長に選ばれ、海野普吉・宮田重雄・大浜英子氏らや厚生省・法務省など関係官庁の部課長二五人が委員となり、法務大臣の諮問機関として法案作成のスタートを切ったのである。

一方、翌年三月には久布白落実女史を委員長とし、三二婦人団体で組織された売春禁止法制定促進委員会が出来、街頭募金や、デモなど華々しい活躍をはじめた。

これに対して業者側も、両国の国際スタジアムに全国から百七〇人の従業婦を集めて〝全国接客従業員組合連盟結成大会〟を開き、新橋駅前に進出して「売春禁止反対」のビラを配るなど、盛んに運動をはじめた。業者の自民党集団入党計画が話題をまいたのもこのころのことである。

売春対策審議会は、三一年四月に答申案（「売春等の防止および処分に関する法律案」）を、ときの鳩山首相に提出した。第二二国会までの法案は一条から十条までで、売春婦とその相手方となったもの、また業者の処罰に終始して、売春婦の更生対策は比較的軽く見られていたきらいがあったが、審議会からの答申はその点を改め、売春婦の更生保護に重点をおいて練られたものであった。ここで、婦人相談所や婦人相談員がはじめて登場したのである。

五月九日、衆議院法務委員会ではこの答申による法案の審議がはじまった。このころになると、業者の妨害はハッキリそれとわかるほど露骨になり、戸叶里子氏の自宅の標札がひんぱんに盗まれたり委員会がはじまると毎日のように玩具のピストルが郵便受にほうり込まれたり、神近市子氏の家には脅迫状が舞込んだりするようになった。

三一年五月一二日は、法案がやっと委員会で可決された歴史的な日であるが、この日売春汚職でおなじみの政治家たちがどんな行動をとったか、ちょっと振り返ってみよう。

午前一一時開会の時はすでに傍聴席は満員であった。グレン隊まで使って傍聴券を集めさせた業者連が豪然と構え、反対側には婦人会の代表たちが顔色も青ざめて陣取っていた。

開会に先立って行われた同委理事会では、社会党側は突然「今日中に討議採決したい。そのために、わが党で提案している法案と決議案を引っ込め、政府案に賛成する」と申し入れた。

一瞬、自民党委員達は色をなしたが、もともとこの案は自党で提案したものだから、反対できる筋合いのものではない。社会党案にケチをつけて委員会を混乱に導き、あわよくば流会を図ろうとした彼等の計画は、見事裏をかかれたわけである。こうなった以上、しぶしぶ承知するより外はなかったのである。

この作戦をあみ出した猪俣浩三委員は、あとでこういっている。

「今日中に通さないと委員会はつぶれるという情報が入ってね、いそいで対策を練ったわけだ。自民党の委員たちの動向は、数日前からとくにひどかったからね」――こうして委員会は開かれた。事はすでに理事会で決っている。問題なく可決かと思ったら、事実はそうではなかった。

委員会は午前一一時半から三回の休会を入れて夜の一〇時までかかった。しかも、その間発言したのは真鍋儀十・世耕弘一・推名隆の三委員だけ。

推名委員は「売春という言葉はよくない。風俗と改めたらどうか」と妙ないいがかりをつける。そうかと思うと、世耕委員は「谷崎潤一郎の小説〝鍵〟を教科書にしてもいいのか」とわけのわからない八ツ当りをしてわめく始末。もちろん、業者の手前をつくろおうという演技であったことはいうまでもない。が、業者は四時を過ぎるころには、あきらめて一斉に引き上げてしまった。残るは喜色満面の婦人たちであった。

かくして七時四〇分、全員起立で法案は可決、五月二一日の第二四国会でも全員一致で成立したのであった。

これが、売春防止法であり、明治の先覚者たちが〝肉体を売ることは神を売ることである〟との信念で、文字通り〝血と涙〟で続けてきた公娼廃止の運動は、ここに実に八五年目にしてはじめて実を結んだのであった。そして、売防法は、三十一年五月二四日、法律第一一八号として公布されたのである。

業者たちは〝売春汚職〟までひき起して、必死の反撃を行ったが時の流れには抗すべくもなかった。

売春汚職

数ある汚職事件のなかで〝もっとも汚い汚職〟〝汚い代議士たち〟とか、最低の言葉で毒づかれたのが売春汚職である。なにしろ、赤線女給たちが肉体の切り売りで、血と涙で稼いだ金を、業者がおし気もなく代議士らに贈り、もって売春防止法の成立、施行を阻止せんとしたからである。

法律が出来た以上、それがどんな法律でも守るべきだ。われわれも法律が出来るまでは反対した。われわれの生活の根拠を奪う法律だから反対するのは当然だろう。しかし、しかしだ、ただ法律は作った、あとは知らぬ、勝手に転業しろというのではあんまりに冷たいではないか。立法者としてこれはあまりにも無責任な態度だ。政治とはこんな冷たいものではないはずだ……。われわれだって転業しないといっているのではない。責任ある政府の指導がない限り、法律の施行をもうしばらく延期したらどうか、と、運動したわけだ。もちろん、信念にもとずいてやったことで、その信念は間違っていたとは思っていない。

これは、吉原の組合長であり、全性（全国性病予防自治会＝赤線業者の全国組織）の理事長をつとめ、売春汚職の際は贈賄容疑で捕まった鈴木明氏の言葉であるが、ほとんどの赤線業者は当時、鈴木氏のこの意見と五十歩百歩の考え方を持っていたようだ。

吉原を例にとれば、空襲で焼け出され、娼妓を郷里に帰したら軍部から呼び出しをうけて、営業を再開しろと命ぜられ、戦後は「良家の子女を護るために」と警視庁からいわれて、公娼廃止後も特に指定をうけて営業を続けた。

その間、犯罪の捜査にも協力してきた。全性だって業者が勝手に作ったわけではない。〝お上〟の指示に従って、自主的に検診を行うために作ったものだ。

業者は〝お上〟の指示には忠実に従ってきたのだ。ある意味では保護もされてきたのである。それなのに、法律が出来たからといって、もう世話はしないという。女の子を引受けるところもまだ足りない。転業資金もやらん。これじゃあ、一体、どうしたらいいんだ。世間ではこの商売がもうかる、もうかるというが、大半の業者は借金で苦しんでいるのだ。あまりにも冷たいではないか。

――このような業者の考え方というものは、売春業者が長い間〝閉鎖的な社会〟に暮してきたこと、許可の営業であって、常に警察当局の監視下におかれてきたことなどによると考えられよう。

そして、〝閉鎖的な社会〟に育ってきたということは、多くの封建性を温存し、個人の自由、人間としての尊厳などについての意識を身につける機会を失ったことを意味する。

また、警察の監視下におき続けられたため、権力者に迎合し、創造的な考え方をする訓練も必要もないまま、建設的な意欲を失ってしまったともいえよう。

その上、経済的には、他の商品に脅やかされ、僅かな利潤を追うのとはちがって、毎日の〝売上げ〟が現ナマというかたちで入ってくるという〝強み〟がある。しかも、資本となるべき女体は、世の中が不景気になればなるほど、安く手に入って、ある意味では赤線への女の流入が世の景気のバロメーターになる、といわれるほどだ。

だからその資産は、戦前ですら大野伴睦氏の演説によればすでに一〇億といわれ、戦後も年間三百億円前後の金が業者のフトコロに入っているとみられるくらいである。

こうした業者の社会的な弱みと、経済的な〝能力〟を政治家が見逃がすはずがない。大野伴睦氏が「微力ではありますがお尽ししようと思う」とお世辞を呈したのも無理のない話であり、さらに地方では組合長などの幹部になるとヒマとゼニのある〝旦那〟として町の顔役になったり、自ら市議会議員になっている例も少なくなかった。だから、組合幹部ともなると政治的な色彩を明確にし、鈴木明氏が「業者は代々、〝保守党信者〟ですよ。間違っても社会党などには救いを求めない」とよくいっていたほどであった。

業者たちのこのような考え方、そして、社会的、経済的、あるいは政治的な意味合いがからみあって、売春汚職は起きたのである。

では売春汚職捜査のいきさつを参考に、この〝汚い汚職〟を解明していこう。

そもそも、売春汚職の噂、つまり、赤線のネオンを消す法律の成立をめぐって、業者が活発に動き出した、という噂がたちだしたのは、三〇年の第二二国会で婦人議員が提案した売春等処罰法案がついに〝流産〟のウキ目をみたときからであった。売春業者が保守派議員を買収したらしい、といった話が国会の内外で伝えられたのがはじまりであった。

しかし、その噂が事実となってあらわれ、東京地検が捜査に乗り出したのは三一年秋の、全く偶然のきっかけからであった。

当時、新宿赤線の代表、新宿カフェー協同組合の安藤恒理事長が、組合の金を使いこんでいた事実が、業者間の内紛などから、関係者の告訴で東京地検が内偵に入り、まず同年九月六日、地検特捜部が安藤氏を横領容疑で逮捕した。

ところが、同氏を取り調べているうち、売春業者の全国組織である全性（全国性病予防自治会）が、売春禁止法にからんで金を集め、政界方面にバラまいていたという、意外な新事実がわかった。

ここにおいて、売春汚職捜査が本格的にはじめられたわけだが、直ちに四谷署員から売春業者にその情報がもれたため（四谷署保安係の係官が盆・暮のつけとどけを業者からもらっており、温泉場にも遊びにいっていたことがその後わかった）、安藤氏逮捕後間もなく、全性は虎の門の本部にあったいっさいの証拠書類を、隅田川近くの風呂屋まで運んで焼き捨ててしまったのである。このため、捜査は当初からカベに突き当り、東京地検は業者の自供に基いて、金の行く方を割り出さなくてはならないハメになった。

それでも、十月一二日に鈴木明全性理事長、長谷川康副幹事長（武蔵新田組合長）が、一六日には山口富三郎専務理事（亀有組合長）が、それぞれ地検特捜部に贈賄容疑で逮捕されていった。

いずれも、三〇年の第二二国会で売春等処罰法案が審議された折、ときの衆議院法務委員であった自民党真鍋儀十代議士＝東京六区選出＝に数十万円のワイロを贈ったという疑いであった。中でも山口専務理事は、政界と業者との〝かけ橋〟といわれた中心人物であったから、その山口理事の逮捕によって、政界への〝不正献金〟の一切をあばこうとした地検特捜部は、翌十七日、天野特捜部長を総指揮に本田同副部長をはじめ六人の検事を捜査に専従させるという大捜査体制を固めたのであった。（肩書はいずれも当時）

こうした矢先、またまた〝予想外〟の事件が起きた。同月一八日付の読売新聞朝刊に「宇都宮徳馬、福田篤泰両自民党代議士、売春汚職の収賄容疑で東京地検に召喚必至」との記事が掲載されたのである。

この読売の報道に対し〝事実無根〟だとした両代議士は、検察庁に名誉棄損の告訴を行い、この告訴事件を担当した東京高検は、二六日に至って記事を書いた読売新聞社会部立松和博記者を逮捕したのである。

記事の真疑は別として、名誉棄損で外部から告訴された新聞記者を、いきなり逮捕するというケースは全く異例なことであったから「検察庁は汚職捜査の行詰りから、打切りのチャンスを狙っており、汚職批判のジャーナリズムを弾圧するのではないか……」という非難が、言論界からごうごうとしてまき起こったのであった。

立松記者が新聞記者の常識であるニュース・ソースを明らかにしなかったことから、逮捕されたこの事件も、裁判所が身柄の拘置請求を認めなかったため、同記者は二日後に釈放されたのであったが、あとになって問題の記事は誤りであったことがわかったので、当事者間の話合いにより、両代議士は告訴を取下げ、読売新聞は訂正を内容とする記事を出し、立松記者らを社内的に処分したのでひとまず収まったが、記事の真偽と逮捕の是非は別問題であるとして、高検のとった記者逮捕の措置に対する非難はその後も消えなかった。

記者逮捕のゴタゴタはもちろん、売春汚職の本筋捜査には間接的な影響を与えた。東京地検は、記者逮捕直後の三〇日、収賄議員の第一号として真鍋儀十代議士を逮捕したのであったが、二日後には臨時国会が開かれたので「国会直前に議員を逮捕して拘置を続けるのは、憲法の議員不逮捕特権の趣旨に反する」と、政界から横ヤリを入れられた。

このため、一一月九日、検察首脳部は会議を開いて検討した結果、真鍋代議士の拘置延長を主張した東京地検の意見を押えて、拘置の延長はしない、という腰くだけの決定を行ったのである。

そして、真鍋代議士は一二日に一〇万円の保釈金を積んで保釈され、地検当局としては捜査の重要な手掛りのひとつを失ったのであった。

もちろん、真鍋代議士は収賄罪で起訴されたが、取り調べはまだまだ残されていたのである。

ここでちなみに、保釈された直後、真鍋代議士が同夜記者会見でどうしゃべったか、を紹介してみよう。（問は記者団、答は真鍋代議士である）

問　地検の調べに対してどう答えたか。

答　昨年（三十一年）秋に全性の幹部から受取った三〇万円は外国の売春事情の調査費であり、筋の通った金だと答えた。同年二、三月ごろ受取った二〇万円は全性の顧問弁護士山本粂吉代議士（自民党）に渡すため、二日間だけ預ったものだ。

問　業者の面倒をどうして見たのか。

答　私の選挙区（東京六区）には業者が多く、選挙区がかわいいのはどの代議士も同じだと思う。

問　売春汚職の収賄容疑者として逮捕され、起訴されたことをどう思うか。

答　現在でも間違ったことをしなかったと信じており、最高裁まで争うつもりだ。

真鍋代議士保釈、という〝捜査の手掛り〟のひとつを失った東京地検は、しかし、このマイナスを乗りこえて捜査を続け、一八日には椎名隆、続いて二三日には首藤新八の両代議士（自民党）にそれぞれ収賄容疑の逮捕状を執行、逮捕した。

このうち、真鍋・椎名の両代議士はいずれも第二二国会当時、法務委員として売春処罰案流産に関係していたので、収賄罪が成立する職務権限のあることは明らかであった。だが、首藤代議士は、こうした法的な肩書はなく、単に自民党の党内グループであった「風紀衛生対策特別委員会」のメンバーであった。

その首藤代議士をあえて逮捕に踏み切ったのは、そうした地位を利用して党議を、ひいては院議を売春業者のために有利になるようにすることは、国会議員本来の職務権限にからむ、と検察当局が積極的な法律解釈を行ったからであった。

ここで、ちょっとその自民党風紀衛生対策特別委員会なるものを説明しておこう。

自民党の政調会・政策審議会が売防法の施行に関して起ってくる諸問題、とくに風紀・性病対策、売春婦の更生、業者の転廃業対策などの指導機関として三二年五月一六日から発足させたものだったが、社会党あたりではこれを「いよいよ自民党内に赤線業者の前進基地が出来上った」と評していたくらい、委員には従来から赤線業者と密接に結びついて、とかくの噂があった議員がズラリと名を連ねていた。

メンバーは委員長が川崎末五郎（京都二区）副委員長田中長治郎（長崎一区）同勝俣稔（参、全国区）をはじめ、首藤新八、真鍋儀十、世耕弘一各氏といった顔ぶれ。衆院から二十五人、参院から六人の計三一人の構成で、売防法成立後の国家補償、罰則規定の実施延長問題について、党議を左右する力をもっていた。

この委員会の目的は、なるほど前記のような〝けっこう〟なものではあったが、実はとんでもないむしろ逆の狙いにあった、と神崎清氏のレポートは首藤代議士逮捕を前にしてつぎのようにその本性を素っぱ抜いている。

……自民党内にできた赤線基地――委員会のメンバーを見わたしてみて、誰しも感じるのは、旧改進党勢力の進出である。（中略）再軍備と公娼制度は、旧改進党勢力のいわばお家芸である。軍隊の復活は、公娼の復活を呼ぶ。「戦争と売春は、やむを得ない社会の必要悪」とする政治哲学に、国家はもっとふかい注意を払い、正しい批判の武器で、この危険思想をつぶしていく努力が必要になってきている。（中略）再軍備の進行が憲法の破壊活動であると同じように、この特別委員会の活動が、たくみに偽装された赤線擁護、公娼復活論を持ちだして、売春防止法破壊の方向をとることは、まず予想しておいてまずまちがいはあるまい。もし良心的分子のブレーキが効かなければ。

田中副委員長は、この特別委員会を設置した目的について「法律が斬捨ご免ではまずいので、もっと業者を親切な目で見てやりたい。赤線をつぶして、売春が地下にもぐらないようにしたい」と語った。趣旨はまことに結構で、問題がないように見えるが、しかし、売春防止法は、決して斬捨てご免の抜打ちではない。二年近い猶予期間をおいて、業者の転業を辛抱づよく待っているのである。（中略）

「業者を親切な目で見る」ことの必要はいうまでもないことだが、この代議士の親切を政治的に翻訳してみると、営業権の国家補償はありえない。それでも施設の政府買上、転業計画への政府融資、あるいは間接的な資金援助（民間資本の斡旋と保証）という金銭の問題にかわってくる。大好物の札束がうごくのだから、利権化のおそれは火を見るよりも明らか。

「売春が地下にもぐらないよう」というもっともらしい意見も、やがては「それより赤線の方がまだマシだ」といういい方で、赤線存続論、公娼復活論へ持っていく、政治家の手品の前芸のような気がしてならない……。（原文のまま）

果して、神崎氏のこの診断は当った。首藤代議士の逮捕容疑は三二年三月末ごろ、衆院第三議員会館で、鈴木明全性理事長から百五〇万円を受けとり、売防法罰則の発効期間の延長工作や、売春業者の転業補償問題などについて便宜をはかった疑いで、前記のようにそれは国会議員職務に関する収賄とみられたからである。

しかし、首藤代議士逮捕という、東京地検の〝英断〟をもってしても、その後の捜査ははかばかしくなかった。

その第一の理由は、最初の証拠隠滅が終りまで大きく影響したことであり、第二には、通常国会が同年一二月二〇日に開かれたので国会議員に対する〝強制捜査〟の期間が限られたことであった。

そのため、全性の地方ブロックの捜査が進み、一二月六日には売春業界の〝ボス〟といわれた九州の実力者、全性顧問、転業対策委員長石田清氏を横領容疑で逮捕しながら、同氏と密接なつながりのあった楢橋渡自民党代議士を取り調べただけにとどまってしまったのであった。

捜査のホコ先きがこのように足踏みしているうち、最初に捕まった鈴木理事長らの拘置がすすんで三カ月にも及んだため、裁判所は保釈を許し、三三年一月二八日には石田氏をふくめて業者側は全員釈放となってしまい、当局は捜査の手掛りをほとんど失ってしまったのである。

このように、世論の注目を集めた売春汚職捜査は、いくつものカベに突き当って、結局は〝氷山の一角〟どまり程度、泰山鳴動ネズミ一匹の感のまま、あえない結末を迎えたのであったが、三三年一月二〇日に至り、東京地検はつぎのような〝売春汚職捜査総決算〟を発表、三カ月にわたった捜査を打ち切ったのである。

その総決算とは――地検が起訴し、公判請求したのは八人。そのうち、真鍋・椎名・首藤の三代議士が収賄罪、鈴木・長谷川・山口の全性三幹部が贈賄罪、全性今津一雄事務局長が証拠隠滅ならびに業務上横領罪、首藤代議士とともに逮捕された全性兵庫県連樋口信一副会長が贈賄教唆罪、その他、石田氏ら業者三人と椎名代議士秘書の松下豊治氏は起訴猶予となり、山本条吉氏は証拠不十分で不起訴となった。

また参考人として地検が取り調べたのは、売春業者が東京八五人、関西二二人、九州三〇人、関東（東京を除く）二五人、東海、北陸、四国の三地区一三人、合計百七五人にのぼったが、国会議員は「楢橋代議士ら三人」と発表した。

犯罪事実は、第二二国会の法案もみ消しと、売防法成立後の国家補償、実施延期工作などのため二千三百万円を集めたが、そのうち三代議士に百六十万円（内訳は真鍋代議士に四〇万円、椎名代議士に二〇万円、首藤代議士に百万円）を贈賄したというものであった。

かくて、売春汚職の捜査はひとまず終った。業者から集められたという莫大な金の行く方もはっきりしないまま、割切れない感じを国民に抱かせながら、ついに〝幕切れ〟となったわけであったが、最後に東京地検の捜査に積極的な協力を続けてきた〝応援団長〟格の神崎氏や婦人議員のひとり、市川房枝さん、そしてこの汚職の焦点となった衆院法務委員会の三田村武夫委員長は幕切れの報を聞いて当時、つぎのように感想をもらしていたので、つけ加えておこう。

神崎氏：政界汚職の例にもれず、やっぱりすっきりしない結果だ。隠れた指揮権が下の方を脅し続け、その結果、しりつぼみで終ったという見方もできる。それとも検察陣としては能力の限界にきているということなのか。とにかく二二国会と二四国会での法案もみつぶし、二四国会以後の法律引延ばし、転廃業対策などの工作で全性本部が集めた金は六千万円ということがはっきり出ているのに、汚職議員がたった三人だけで、うわさされた大物が出なかったのもおかしい。女の子たちから集めた自民党への集団入党費もウヤムヤのままだ。一応の効果をあげたことは確かだが……。

市川氏：事件が古く、証拠隠滅もひどいという状況のなかで地検はよくやったと思います。しかし逮捕代議士がたった三人とは意外だし、国民みんなが不審に思っています。少くとも「マル済メモ」（註・地検で押収した今津事務局長の書類の中から国会議員の名簿が発見され、収賄したとみられる議員の名前の上に〝済〟とメモされてあった）はじめ、名前の出た代議士一人一人の白黒も公表すべきだと思います。汚職議員は二度と当選させないという世論を作らなければダメです。

三田村氏：地検はわれわれの申し入れにこたえてよくやったと思う。中途ハンパという声も聞くが、最初は「ネズミ一匹出ないだろう」という予想だったから、三人の起訴までこぎつけたのは上出来だと思う。それに与党の圧力などは絶対なかったと信じている。これでさっぱりした。

こうして、売娼三千年の歴史に、中心勢力を誇ってきた公娼制度は完全に姿を没したのである。赤線の灯はとうとう消えたのであった。

参考文献

次に掲げた参考文献は、いろいろなかたちで、利用させて頂きました。著者・編集者・刊行関係者の方々にお礼を申上げます。

《単行本》

滝川政次郎『売笑制度の研究』（穂高書房）中山太郎『売笑三千年史』（白文社）水野浩編『日本の貞操』（蒼樹社）五島勉編『続日本の貞操』（蒼樹社）橋本嘉夫『百億円の売春市揚』（同文社）中村三郎『日本売春史第三巻―売春取締考』（日本風俗研究会）中村三郎『日本売春社会史』（青蛙房）雪吹周『売春婦の性生活』（文芸出版）藤原審爾『みんなのみている前で』（森脇文庫）藤原審爾『夜ひとり哭く―買われた青春の記録』（光風社）高見順編『浅草』（英宝社）台東区役所編『新吉原史考』（台東区役所）台東区役所編『台東文化史』（台東区役所）市川伊三郎『新吉原遊廓略史』（新吉原三業組合取締事務所）磯村英一『性の社会病理―日本の売春にみるもの』（講談社）大宅壮一『世相風俗』（筑摩書房）戸川猪佐武『戦後風俗史』（雪華社）本庄しげ子『人身売春―売られてゆく子供たち』（同光社）大河内昌子『よしわら』（日本出版協同）神崎清『売春―この実態をどうしたらよいか』（青木書店）神崎清『売笑なき国へ』（一燈書房）成川敏『夢の吉原風土の端書』（新吉原カフェー喫茶協同組合）前田信二郎『売春と人身売買の構造』（同文書院）近畿大学時事問題研究所編『春情』売春対策審議会編『売春対策の現況』

《全集・事典》

堆山閣・講座『日本風俗史』『性風俗』みすず書房『現代史大系』平凡杜『世界大百科事典』工岡容『明治大正風俗語事典』東京堂『隠語事典』

《レポート類》（末尾の数字は巻、号）

久布白オチミ「売春等処罰法について」（警察時報、八―四）中川善之助「売春等処罰法案について」（法律時報、二七―一〇）「前借―最高裁の新判例」（法律時報、二八―一二）長戸寛美「売春法の課題」（時の法令、第八九号）牧野英一「売春防止法の刑法理論」（季刊刑政、四―四）山上勤「売春と人身売春その概況、実態、取締上の問題を中心として」（警察時報、八―四）警視庁保安課員「東京の売春」（警察時報、八―四）神近市子「売春、婦人界の癌である」（警察時報、八―四）「しんの疲れる争論―売春等処罰法案の提案者として」（法の法令、一三八）「売春等処罰法案はなぜ否決されたか」（婦人公論、四〇―七）菅原通済「売春・買春」（経済往来、八―八）藤原道子「頻発する人身売買事件（法律のひろば、八―七）警視庁少年課「保護取締面からみた人身売買」（警察時報、八―四）関根広文「最近の最高裁判所の前借金無効の判決について」（警察学論集、八―一二）清水定女「吉原思ひ出話」（改造、三一―三）藤島宇内「吉原の明暗」（婦人公論、三七―六）南博「戦後日本に於ける売笑婦の特質」（婦人の世紀、八＝現代売笑婦の生態＝以下同誌掲載のもの）河崎なつ「売笑なき国へ」（同上）太田典礼「売笑婦はなぜ発生したか」（同上）赤松俊子「売笑婦の生態」（同上）富田展子「不当検診との問題」（同上）臼井正輝「売春少女の実態と原因」（季刊近代警察、売春特集号）菅原通済「売春はなくなるか」（同上）神崎清「売春はなくなるか」（同上）勝尾鍊三「売春防止法の成立まで」（同上）仁平勝之助「今後の売春とその捜査」（同上）本田正義「赤線区域」（法律のひろば、五―六）吉岡達夫「赤線の灯は消えても」（婦人公論、四二―五）宮原誠也「赤線地帯はどこへいく」（青少年問題、四―七）芝木好子「たそがれの赤線地帯」（婦人公論、四三―三）今東光「赤線消ゆ」（文芸春秋、三六―六）

《新聞、週刊誌、雑誌》

朝日新聞、毎日新聞、読売新聞各縮刷版、内外タイムス、週刊朝日、サンデー毎日、週刊読売、週刊サンケイ、週刊女春、週刊新潮、週刊現代、週刊アサヒ芸能、週刊公論。以上の各別冊。中央公論、婦人公論、文芸春秋、日本、人物往来、ジュリスト、法律時報、警察時報、時の法令、改造。

〈諸官庁刊行主要資料〉

『風紀に関する世論調査』（国立世論調査所、昭20）『風紀についての世論』（国立世論調査所、労働省婦人少年局、昭30）『人身売買及び売春関係諸国刑法規定集』（法務省刑事局、昭30）『売春行為に関係ある判例要旨集』（法務省刑事局、昭30）『売春に関する法令』（労働省婦人少年局＝すべて同局資料昭30）『売春に関する資料』（No.1～No.4 昭35まで）『売春婦の親許調査報告書―山形、鹿児島』（昭28）『売春問題相談等の報告書（昭32）『売春関係相談指導業務における問題点』（昭31）『赤線区域調査報告書』（昭29）『売春婦の転落原因と更生の問題』（昭33）『婦人の更生に関する資料』（昭35）『婦人相談員の手引き』（厚生省社会局（昭31）『官報』（国会議事録などについての調査）その他官庁刊行物

あとがき

一九六一年に初版を刊行した本書は、「時代の要請」と思えるほどに、多くのご要望をいただき版を重ねてまいりました。各版の「あとがき」を、ここに明記します。

初版からの反響を窺い知ることができると思うからです。

（編集部）

初版

わたしたちが、このささやかな本の、校正刷りに筆を入れている、ある日、〝売春汚職の控訴審判決〟があった。予想していた通り、全員が執行猶予になっていた。その判決は（カッコ内一審判決）▽懲役一年、執行猶予三年（同一年）贈賄、元全国性病予防自治会理事長鈴木明（六五）▽同八月、同（同八月）贈賄、同会専務理事山口富三郎（六五）▽同十月、同、追徴金十万円（同十月、同十万円）収賄、元代議士椎名隆（六一）▽控訴棄却（同十月、執行猶予三年、追徴金三十万円）収賄、元代議士真鍋儀十（七〇）▽同（同六月、執行猶予三年）贈賄、元全国性病予防自治会副幹事長長谷川康（五七）

売春汚職が東京地検に摘発されてから、ちょうど四年。歳月の移り変りのはげしさの中に、〝もっとも汚い汚職〟と悪評の高かった売春汚職も、忘却の彼方に押しやられた昨今、汚職事件お定まりの〝尻つぼみ判決〟であった。

この判決にわたしたちは、なにか、ほっとしたような気持ちと、割切れない気持ちとが、胸の中に交錯する複雑な感情を味わった。

わたしたちが、戦後売春史をまとめようと、話し合って、資料を集め出してから五年。一応準備が出来たところで、この二月から《内外タイムス》に「戦後売春史」として連載をはじめたが、稿のすすむに従って資料の矛盾や不明の個所が続出した。そのたびに、正確を期するため関係者を訪ねたが、鈴木氏や山口氏などは、懇切に記憶の糸をたどって説明を加えられたのであった。

その意味で、この判決にほっとした気持ちなのであるが。反面、売防法の理想と、いまなお生活苦にあえぐ元赤線女給たちの生活を考え合わすと、割切れない気持ちがする。生活のため街で春を売った女たちは〝常習者〟ということで、罰金をとられ、体刑を受ける者もあるのである。

吉原の「角海老」がビール会社に身請りしたり、超デラックス設備を誇った「ロビン」が取壊されたりしているが、元赤線業者の大店どころには、四年余も、無職で悠々自適の生活を続けているものが少なくないのは、なにを物語っているだろうか。また、転業した業者の中には、下宿、旅館、バー、キャバレー経営にまじって、〝売春のヌーベルバーグ〟と呼ばれるトルコ風呂や、ヌード・スタジオで稼ぎ続けている連中もかなりいるのはなぜだろう。「売春ほど確実な商売はない」からである。

そうして、キャバレーやバーで働けないほど、年を取った女たちは、厚化粧をこらし、いまも夜毎に、春をひさいだり、トルコ風呂や旅館の客引きをしたりして細々と生活しているのである。全国約五十五万人といわれた赤線女給たちの何割が更生したであろうか。まして、R・Aの卒業生たちはもっとも若いもので三十二、三歳になる。心と生活の傷痕が癒えていなければ、ますます救いがなくなる年ごろである。わたしたちは、彼女たちの行く方を考えると、いつも心の痛む思いがするのである。

この本を出すまでに、材料が揃わなかったので「女たちの行く方」「夢よもう一度の業者」――つまり、売防法以後について触れることができなかった。それは「まえがき」にも書いた通り「日本の恥部」「動く売春組織」で、機会があったら書き綴ろうと思う。

「怠け者だから新聞記者になったんだ」と常日頃うそぶくわたしたちの、尻を叩き叩き稿をすすめるよう仕向けて下さった玉城鎮夫社会部長をはじめとする上司の理解、同僚諸君の激励、あるいは、売春対策審議会長菅原通済氏、評論家神崎清氏、風俗研究家谷内辰樹氏、婦人相談員新井松子さんたちの御支援、古い資料蒐集に献身して下さった警視庁の仁平勝之助、新井亀丸両警視、山川義高、広田源三両警部――など多くの皆さんの尻押しで、やっと、第一部は完了したのであった。

やれやれと思っている矢先き、風俗研究家浪江洋二氏がやってきて、あれを雄山閣から出したらどうか、とすすめられた。本にしておけば便利だなと思って二つ返事で引き受けたところ、雄山閣編集長の大沢未知之介氏は「どうせのことなら、初めから終りまで手を入れてはどうだろう。追加する部分も適当に入れて……」との話。

それもそうだと、全部稿を新らたに書きはじめると、次から次へと、欲やら迷いやらが出てきて、すっかり、雄山閣の長坂一雄社長、大沢編集長ほかの皆さんに迷惑をおかけしてしまった。とりわけ、終始、この本の〝産婆役〟を勤めて下さった浪江さんには迷惑のかけっぱなしであった。

ここにあらためて、皆さんにお詫びとお礼を申し上げたい気持ちである。

一九六一年秋

小林大治郎
村　瀬　明

一九七一年版

この本が再版されるのには、こんないきさつがあった。

昭和四十六年八月十四日。朝日新聞朝刊の連載もの「おんなの戦後史」を読んでいた雄山閣編集長芳賀章内氏は、「おやッ?」とクビをひねった。

この日のテーマは《性の犠牲》ということで、終戦直後、日本女性の貞操の防波堤となるため、占領軍向け慰安婦となった女性たちのことであつた。筆者である女性史研究家もろさわ・ようこさんは、引用した文献として、小林大治郎・村瀬明著『みんなは知らない』(雄山閣出版)を挙げていたからである。

調べてみると、十年前に出版していることが判明した、そこで、いろいろ検討してみた結果、「物語歴史文庫」の一環として再版したいということになつたわけである。

わたしたちは、そのお話を受けたとき、或る種のためらいを感じた。十年も前にまとめた風俗史のレポートを再刊することはどんなものであろうかというのが第一点。もう一つは、この種のものが「物語歴史文庫」に加えられることは妥当であろうかと考えたからである。

そのとき「いいじゃないの。あんた方がこのテーマに真正面から取組んだ動機は、いまの世の中でも生きているんだし、それに、事実、この本が風俗史の貴重な文献の一つになつているんだから……」

と、はげましてくれたのが、ほかならぬ婦人運動の先駆者久布白落実さんであつた。わたしたちは、勇気を得て、喜んで再版させていただくことにした。


いわれてみると、いつの間にか、このささやかなレポートが、戦後風俗史研究の重要な文献の一つになってしまっていた。性風俗をテーマに書きまくる作家K氏が、ルポルタージュの中でしばしば無断引用してくださるのをはじめ、新聞、週刊誌、TV、ラジオなどの企画に登場することが多くなってきた。とくに、昨年からことしにかけては、いささかおどろくほどであった。

このレポートは、新聞の読者を対象に書いたものが母体になつているので、読みもの風にはまとめてあるが、一つ一つの材料については充分吟味してある。集められる限りの資料を集めると同時に、会い得る限りの人には一人残らず会って、細かに話を聞き出すことにつとめた。その上で、できる限り客観的に材料を取捨しているので、読みかえしてみると、一つ一つ取材した当時のことが思い出されて、大変懐しかった。

それとともに、当時、取材に何かとご支援いただいた方々のお顔が思い出された。いまなお、かくしゃくとしている久布白さん、三悪追放運動に力を注いでおられる売春対策審議会会長菅原通済氏、議員はやめたが文筆活動に活躍中の神近市子さんなどのご健在は嬉しい限り。反対に、業者たちの多くが幽明境を異にしているのは、まことに対照的であるといえよう。

前述の方々のほか、評論家神崎清氏、風俗研究家谷内辰樹氏、同じく風俗研究家浪江洋二氏らのご支援、古い資料蒐集にご協力くださつた警察庁、警視庁、厚生省、法務省、東京都庁の担当者の皆さんにあらためてお礼を申しあげる。
　終りに、この小著を忘れずに、再び陽の目を拝ませてくださった雄山閣長坂一雄社長に感謝します。

一九七一年秋

小林大治郎
村　瀬　　明

新装版、発刊によせて

　また三たび本書が日の目を見ることになつた。昭和四十六年、再版を取扱ってくれた芳賀氏からの電話は、そのときの意義とは異なつていた。このたびは戦後風俗史の一駒として捉えるのではなくて、「戦争と性」に関する根元的問いから、このレポートが必要であるということであつた。古今東西にわたって「戦争と性」は癒着し、敗者には一層深い傷を負わせている。それは生死の境に生きざるを得ない青年の恐怖と若いエネルギーの混乱のもたらす行為である。今日は、各国より慰安婦問題が追及されている。当然である。基本的人権を侵せば指弾されるべきである。しかし侵略や戦争を引き起こさなければ避け得るものでもあるとすれば、これはいまわしい戦争が引きずる陰の部分であるといえるかも知れない。本書はそのような立場でみれば、幾つかの問題を引き出すレポートになっていよう。共筆の小林大治郎氏はすでにご他界されているが、私と同様に考えて下さるだろう。ご冥福を祈りつつ、墓前にこの事をご報告しようと思っている。
　なお、このたびの刊行にあたり雄山閣出版では「物語歴史文庫」が中止となつているので、原題に戻し、今回の刊行意図から「国家売春命令」を大きな表題とした。ご諒解を戴きたい。

一九九二年秋

村　瀬　　明

【著者紹介】

小林大治郎　（こばやし　だいじろう）
昭和 4 年（1929）生まれ。國學院大學卒業。元内外タイムス社会部記者。
昭和 61 年逝去。

村瀬　　明（むらせ　あきら）
昭和 5 年（1930）生まれ。國學院大學卒業。元内外タイムス社会部記者。

平成 28 年 6 月 25 日 初版発行　　《検印省略》

雄山閣《ゆうざんかく》アーカイブス 歴史篇《れきしへん》
みんなは知《し》らない―国家売春命令《こっかばいしゅんめいれい》―

著　者　小林大治郎　村瀬　明

発行者　宮田哲男

発行所　株式会社 雄山閣

〒102-0071　東京都千代田区富士見２-６-９
電話 03-3262-3231㈹　FAX 03-3262-6938
http://www.yuzankaku.co.jp
E-mail　info@yuzankaku.co.jp

振替：00130-5-1685

印刷製本　株式会社ティーケー出版印刷

Printed in Japan 2016　　ISBN978-4-639-02426-2　C0021
N.D.C.201　248p　19cm

雄山閣アーカイブス

シリーズ既刊のご案内

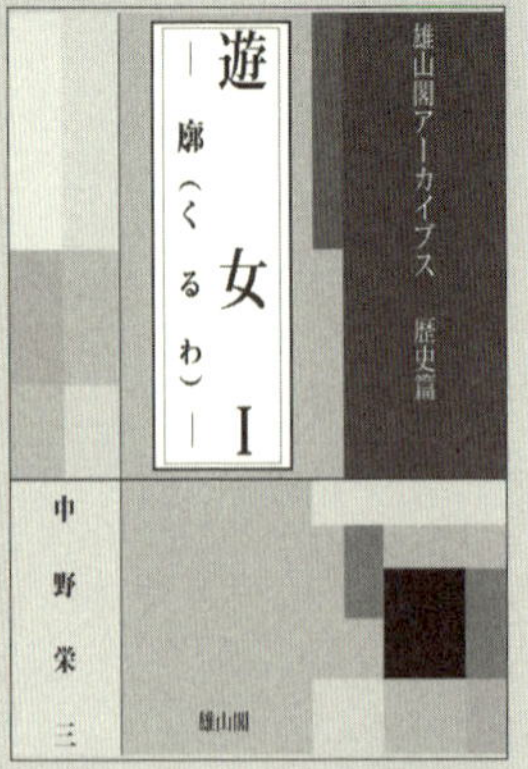

遊女 I
廓（くるわ）

中野栄三著
定価（本体 1,480 円 + 税）
ISBN 978-4-639-02403-3
160 頁

『遊女の生活』を再編集。
たくましく、したたかに生きる。
社会的な成り立ちや「廓《くるわ》」という、
彼女たちの生活を追う本書上巻。

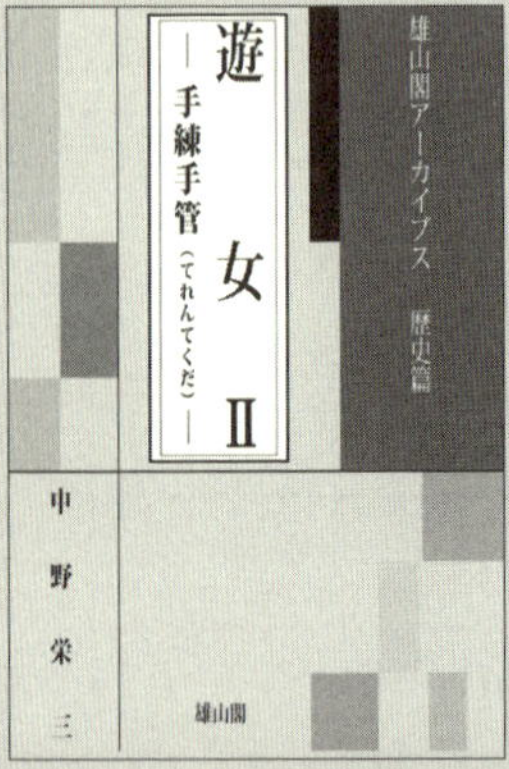

遊女 II
手練手管（てれんてくだ）

中野栄三著
定価（本体 1,480 円 + 税）
ISBN 978-4-639-02404-0
160 頁

『遊女の生活』を再編集。
たくましく、したたかに生きる。
「手練手管《てれんてくだ》」という、
彼女たちの術《すべ》を追う本書下巻。

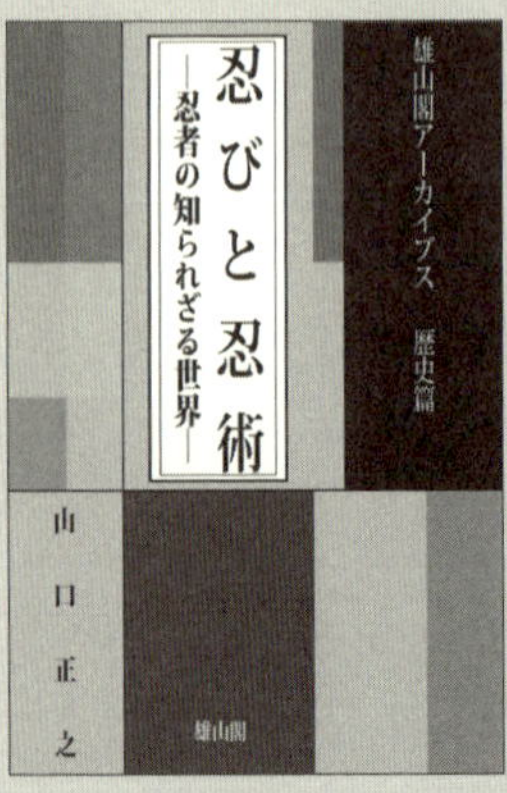

忍びと忍術
忍者の知られざる世界

山口正之著
定価（本体 1,800 円 + 税）
ISBN 978-4-639-02397-5
192 頁

『忍者の生活』を再編集。
秘伝の書『万川集海』を紐解き、
史実と照らし合わせながら、
忍者の実像に迫ります。